優渥叢書

我用 32 張圖學會

保險高理賠
退休金
放大10倍

25 歲就該懂的超簡單「保險工具書」！

錢管家◎著

Part 3

補健保不足，善用4種險讓「理賠放大」10倍！　*084*

Part 4

保單合約密密麻麻，該怎麼看才不吃虧？ *122*

Part 7

怎樣花小錢還能
買到高保障？ *192*

前言
超簡單「保險工具書」，
真希望我 25 歲前就能懂！

　　「保險」這個詞，在現今臺灣社會中，已是一個家喻戶曉的名詞。但真的每個人都知道，要怎麼為自己甚至是家庭規劃好保險嗎？真的每個人都瞭解自己的保單是否完整、符合需求嗎？答案是：「不一定。」

　　在老一輩的想法中，保險就代表著不吉利，因為保險業務員總是在告訴人們，「萬一」發生了什麼事情，就可以用到保險。這對於忌諱碰觸生死議題的老一輩來說，當然是能避多遠就避多遠。直至今日還是有一些傳統觀念較重的家庭，依然不喜歡談論這個議題。但反觀同樣是亞洲國家的日本，卻在保險觀念上，有非常完整的發展。

❖ 保險重點不在多，在於符合需求

　　究竟，「保險」是什麼呢？顧名思義，就是保障未來可能遇到的風險而彌補的財物，因此**保險所重視的觀念是「預防未來的風險」**。如同投資會有風險，因此要懂得自身的資產分配，聰明地使用投資槓桿。保險也是同樣的

概念，要先瞭解自己與家庭的狀況，與未來可能會承擔的風險再做全面的規劃，而非從是否可以獲利的角度，去衡量一張保單的價值。

也就是說，保險所買的是一個保障未來潛在風險發生後的基本財務面。所以，**保單的重點是在於保障的內容是否符合自身與家庭的需求，而非可以賺回多少錢。**

在瞭解買保險的好處與如何買保險之前，需要先瞭解的是：「為什麼我們需要買保險？」

每個人出了社會後，都開始有了不同的壓力與責任，而伴隨著年紀的成長，也會有愈來愈多的責任需要承擔，例如：家庭、房子、小孩、父母等。正因為負有責任，所以更需要好好地看待風險這件事情。

雖然我們不願意看到風險的發生，但是我們也無法預知風險是否會發生，保險保障的是最基本層面的財務。財務在每一個人的生活中，就如同呼吸一般，每一天、每一秒都需要面對，而保險就是在解決潛在風險可能不足的財務部分。

相對地，既然保險的重點是在解決問題，那麼重點就不在多，而是真正符合自己的需求，這才是保險真正的本質。

保險如果買得好、買得對，會有哪些好處呢？

1. 可以用較小的金額，換取生病或意外時需要支付的中大型醫療費用，或是拿到一筆費用作為緊急之用。**（醫療、意外險）**

2. 可以穩定地累積儲蓄，以達到存錢目的。**（儲蓄險）**

3. 可以為家人留下一筆金錢，以穩定生活。**（人壽險）**

4. 可以擁有一整筆完整的補助，進行癌症治療。**（防癌險）**

5. 運用保險達到節稅、養老退休金等目的。**（年金、看護險）**

　　規劃保險愈早愈好，除了一開始為自己和孩子買的基本保險以外，還需隨年齡調整保單的需求，運用適當與合理的金額來做規劃。建議每個月可以撥月收入的10%到保障面中。所謂的保障面是指醫療、意外、防癌、看護、人壽等這些險種。當然，這個比例要依照不同的職業與風險調整，更會隨著收入的增加或減少來調整保險的完整度。

　　良好的保險可以為個人與家庭帶來穩定的生活、提高風險承擔度。很少人可以一開始就將保險的保障做足，因此每年都需要重新檢視保單。甚至擁有家庭後，不但需要注意自身的保障，更要為家人與小孩做好規劃，才能真正地達到「用適當的金錢，為自身與家庭的未來風險做有

效的控管」。

那麼，既然已經瞭解保險的意義與好處，再來就是要知道保險應該規劃哪些？以及要怎麼做規劃？

❖ 保險主要有五大類別

目前業界的商業保險，主要可以分為以下幾大類別：

1. 壽險

壽險的重點是在解決「太早走」的問題，尤其一個家庭中，若突然失去主要經濟支柱，勢必會遇到許多的困難，其中第一個會遇到的就是財務困難。為了不要讓家人在傷心之餘，還需要煩惱下一餐在哪裡，才會有「壽險」的需求。也因此**需要購買壽險的人，大多是已經有家庭責任，以及未來必須承擔家庭責任的人。**

2. 醫療險

醫療險解決的是「生病」的問題，每個人一生中必然會有病痛。除了一般的健保以外，商業的醫療險主要在補足一般健保給付不足的費用。**醫療險通常是建議上班族要保的第一個險種，畢竟健康是打拚的基礎，沒有健康的體魄，更不要說要多辛勤工作了。**因此醫療險是每個人必須先瞭解並好好規劃的重點。

　　另外，如果家中有遺傳疾病史，更需要提早將醫療險規劃好。保險公司終究是商業機構，對保險公司來說，勢必會評估客戶的風險值。因此，有家族遺傳疾病的人，核保會更嚴格，建議一定要提早規劃。

3. 防癌險

　　隨著國人罹癌率年年增高，保障的需求日益增加，於是癌症險被大多數的保險公司拉出來，成為獨立規劃的險種。防癌險經常被身體健康的年輕人忽略，但是此險種跟醫療險一樣，建議可以先行規劃。完整終身的癌症險費用偏高，對於一般的上班族，不一定有辦法可以一次就完整規劃，**建議可以先使用定期的癌症險來當做附加保障，相對金額也比較低。**

　　雖然定期癌症險的保障沒有終身的周全，例如：依年齡、保障金額和癌症種類別等等，會有不同的保障內容。但比起完全沒有癌症險來說，先以定期險種來規劃，至少可以保障部分的風險，可以等到未來收入增高後，再回頭補足這一塊。

4. 意外險

　　意外險所解決的問題就是「意外傷害」，一般內勤的上班族，在這部分比較不需要花太多的心思，但是**工作**

性質上需要經常在外奔波的上班族，就需要重視了。意外險通常以年計算，也依照職業類別的風險計算保費。意外的發生可小可大，但可以確定的是，一定會需要一筆治療金額，甚至短時間內無法工作。

要特別提醒消費者的是，**務必將「意外醫療」險種規劃進去，即針對意外狀況而產生的醫療行為所做的理賠。**因為一般意外狀況很難不產生醫療行為，但醫療險只針對「疾病」產生的醫療行為做理賠，因此不一定會理賠「意外」的部分，因此這部份要特別注意，是否有規劃至保單中。

5. 年金、投資類保險

投資型相關的險種，主要解決的並非「投資」的問題，而是偏向保本的觀念，畢竟要運用保險做投資，並不會比直接做金融投資來得划算。但是做為一個強迫儲蓄的方式，對於一般上班族而言，倒也是可以參考的工具。

建議一般大眾，先將保障的部分規劃好，再來做投資考量。但是有一種狀況例外，就是當保險人的預算過少時，有一些年金、投資型的險種，在醫療、意外、癌症等附約上，相對比其他附約完整。這時候就可以考慮用這類的險種作為主約，而加保其他的附約，作為短期性的保障用。

　　如果是這樣的目的，在投資上就盡量以保本作為考量，因為部分這類型的保險，可能扣的手續費不低、年限也不短，因此在保險前要仔細確認。

　　隨著時代的進化，各種需求增加，也出現愈來愈多的險種類別。回到初衷，保險是為了解決可能發生風險的財務問題，要讓自己與家人的生活，不要因為風險而陷入困境。因此，在規劃上還是要優先以預算作為第一考量。如果為了保障未來，而造成當下的生活困難，那就失去了保險本身的意義了。

　　本書將為讀者規納整理，關於保險的知識以及業務沒有說出來的真相，以實際的案例分析解說，讓保險的「眉眉角角」，不再令人頭痛。讓讀者可以瞭解自己的需求，保對險、獲得最大的保障。

Part 1

為什麼勞、健保

的保障不足？

1-1

【小測驗】
關於勞健保，你知道多少？

對上班族來說，不管是勞保或健保，都和生活息息相關。但勞保和勞退新制令人一頭霧水，健保又一改再改，能夠搞懂的人實在不多。以下列出一些和自身權益最密切的問題，來看看我們對勞健保的認識夠不夠！

〈勞保篇〉

1. 勞退新制似乎有許多爭議，所以可以自己決定不要投保。	□對　□錯
2. 在勞退新制開始實施後，只能在「勞保」或「勞退」中選一項當退休金。	□對　□錯
3. 勞退、勞保基金是由專業經理人操盤，而且採用保守的投資模式	□對　□錯
4. 政府會拿勞保和勞退基金去投資，如果哪天大幅虧損有可能領不到退休金。	□對　□錯
5. 公司放無薪價，勞保的投保薪資也可以調整，降低保費。	□對　□錯
6. 等到幾十年後退休，每個月領到的幾千塊錢加上通貨膨脹，價值可能只剩現在的一半不到。	□對　□錯
7. 勞退金提撥也不會轉到我的帳戶，哪天老闆翻臉我可能血本無歸！	□對　□錯

Part
1
為什麼勞、健保的保障不足？

Part
2

Part
3

Part
4

Part
5

Part
6

Part
7

〈健保篇〉

1. 雖然二代健保的給付範圍不斷縮水，但只要符合資格，都要加入健保。	□對	□錯
2. 如果因為失業沒有收入，可以暫時中斷投保，不用繳健保費。	□對	□錯
3. 健保已經補貼醫療費用，所以醫院或診所可以不用開收據。	□對	□錯
4. 車禍或受傷等緊急事故，也可以在非健保特約的醫院或診所治療，健保還是會給付。	□對	□錯
5. 覺得健保的給付不斷縮水，只要不繳保費就能強制退出，也不會有損失。	□對	□錯
6. 長期出國留學或工作還是要繳納健保費，回來才不會失去資格。	□對	□錯
7. 就算員工的眷屬愈多，雇主的健保保費負擔也不會變重。	□對	□錯
8. 因為遠房的親戚孤苦無依，只要我同意就可以把他納入我的眷屬。	□對	□錯

正確解答

勞保篇：1：X 2：X 3：O 4：X 5：O 6：X 7：X
健保篇：1：O 2：X 3：X 4：O 5：X 6：X 7：O 8：X

1-2

勞健保不斷縮水，規劃保險要趁早

「有全民健保還需要買醫療險嗎？」、「有勞保應該就夠了吧？」這是多數人都會有的疑問。雖然幾乎人人都有健保和勞保，但生病或退休時，能不能得到足夠的保障、怎麼做才可以過得無憂無慮，這些問題還是令許多人憂心，不得不趁年輕時就開始打算。

❖ 保險就是「一人有難，大家分攤」

曾看過網友分享一則故事：老張是一位計程車司機，太太在高齡產下女兒之後，沒多久就生病離開人世，只剩他和 5 歲的女兒相依為命。雖然開計程車的收入不高，但父女兩人生活簡單，住在租來的小公寓裡，也還算過得去。

唯一讓人擔心的，就是老張怎麼戒也戒不掉的抽菸和喝酒習慣，身體雖然沒有大問題，小病小痛卻不斷，老

張也擔心自己是家中唯一的經濟支柱，若發生萬一，女兒馬上失去依靠，後果不堪設想。老張有個好朋友是經驗豐富的保險業務，知道老張父女的狀況後，認定他們家是最需要醫療險的高危險群，堅持老張一定要買保險。

老張一開始當然不可能接受，對朋友說：「飯都快沒得吃了還買保險？里東奏拎北頭殼壞去？」但他拗不過朋友的苦口婆心，最後還是決定買了一張醫療險的保單，每年須繳大約2萬元保費。

過了5、6年，老張年紀大了，身體愈來愈差，在外面跑車的時間沒辦法像以前這麼長，導致收入漸漸變少。加上年輕時長期操勞，多少累積了一些職業病，終於病倒住院。雖然他有全民健保，但這場病的很多費用項目健保都不給付，為了節省開銷，只好住在6人一間的健保病房裡，吵得他每晚都睡不好。

雪上加霜的是，老張一住院，家裡頓時失去經濟來源，女兒的吃穿、學費都沒有著落，這些也是健保不會幫忙負擔的部分，一想到這些，老張就無法安心躺在病床上……。

過了幾天，保險業務朋友帶著老張曾投保的醫療險前來探望，告訴老張：「就算現有的積蓄不多，但不用太擔心錢的問題，因為醫療險會理賠住院、手術和醫藥費，不用為了省錢住健保病房，你就放心升等雙人病房，好好

Part 1 為什麼勞、健保的保障不足？

Part 2

Part 3

Part 4

Part 5

Part 6

Part 7

休養吧！」

　　之後每次回想起那場病，老張都覺得慶幸，好險當初咬牙買了醫療險，才能讓他在倒下的同時，不用擔心錢的問題。

　　從這個案例我們可以瞭解，**各種保險都是「一人有難，大家分攤」，是一種「以貨幣形式分散個人危難」的社會風險轉嫁機制**。不管是和上班族切身相關的勞保、生病受傷時會用到的健保，或各種商業保險，都是相同概念。

❖ 退休金足以照顧老年生活嗎？誰都不敢說

　　退休金夠不夠用，是許多上班族最困擾的難題，根據1111人力銀行調查，8成以上的上班族擔心退休金不夠用。

　　自民國98年1月1日起，開始實施勞保老年年金請領。而民國97年7月17日，勞工保險條例修正前，已經擁有保險年資者，除了可以選擇「老年年金給付」的方式外，還可以申請舊制，即「一次請領老年給付」的方式。勞保條例規定，在勞保年金新制正式上路前，現在已經參加勞保的上班族，未來退休後，仍舊可以選擇傳統的老年給付一次金，或是勞保老年年金。

因此勞保新制開辦後，上班族退休將有勞保年金及新制勞工退休金可領。假設夫婦兩人的勞保投保年資都是30年，平均月投保薪資4.39萬元，退休後每人每月可領20,414元的勞保年金。

而新制勞工退休金計算工作年資30年、薪資6萬元、退休金提撥率6%、退休金投資報酬率 6%，退休後每月約可領2萬5,350元的勞工退休金。

合計夫妻兩人退休年金，兩人每月可領9萬1,528元，每年就有109萬8,336元的年金收入，若以每戶家庭消費支出71萬6,094元計算，退休後的基本生活，不需太過擔心。

對此，保險業者指出，**雙金上路後，對基本生活已有保障，但最怕的是突來的醫療支出，這部分可以透過重大疾病險、健康險以及看護險來預防**。關於雙金的細節，將於下一節說明。

在美國工作近10年的李先生，數年前退休返臺後，在1樓住家外搭建簡易棚架種植作物。某日深夜跌落棚架上，由於腦部缺氧，送醫後仍受創成為植物人。後來家屬以「意外」原因，申請殘廢及住院等保險理賠，保險公司雖一度拒絕，最後法院仍判決保險公司，應如數理賠共600多萬元。

人有旦夕禍福，我們每個人一生要「自付」多少醫

Part 1 為什麼勞、健保的保障不足？

Part 2

Part 3

Part 4

Part 5

Part 6

Part 7

療費？根據衛福部統計，答案是平均100萬元！尤其是年老退休後，所需的醫療次數與金額，更是逐年增高。

很多人常認為，反正有全民健保當後盾，如果是上班族還有勞工保險，畢竟每個月都有繳保費。但這樣究竟有沒有得到足夠的保障呢？我們真的能靠這些年金，過活下半輩子嗎？其實，現行的勞健保只能說「有」保障，但夠不夠、好不好，那就要看運氣了。

❖ 現行健保補助有限，自費比例提高

隨著醫療科技進步、家庭結構改變和人口高齡化、醫療支出相對提高等因素，使健保財務長期處於收支不平衡的狀態。全民健保自2007年就用盡所有預算，2009年底融資金額更高達1,260億元；甚至到了2011年，更高達1兆5,750億元。給付支出飆漲，但醫療品質卻不見明顯提升，恐怕將成為未來每個家庭不可承受之重。

根據統計，臺灣每天約有6萬4千人住院，大小醫院經常可見健保床人滿為患、一床難求。在這樣的情況下，急症患者或需開刀手術的患者，如何能長時間等待健保病房，而不延誤病情？

此外，一般民眾對於醫療水準的要求愈來愈高，都希望有病痛時能獲得更好的照顧。全民健保制度雖然已經

減輕許多負擔，但隨著健保財務日益吃緊、DRGs新制、二代健保的實施、課徵補充保費等等，除了我們的保費增加，許多醫療給付因節流措施，已有限縮的情形，甚至不給付的醫療項目也愈來愈多。因此，**民眾若想要享受更好的醫療品質，「自費」已經成為無法避免的選項。**

加上自健保開辦後，自費比例由4成逐年下降至3成，近年又漲至37％，代表民眾自費比例已與健保開辦前同等吃重，負擔著實不輕！有鑑於全民健保的保障逐年縮水，最好另外投保商業醫療險，來提高醫療品質。

基本上，醫療險是用來給付全民健保不給付的費用。那麼，哪些項目是健保不給付的呢？住院部分包含超等住院的病房費差額、管灌飲食以外的膳食費、特別護士以外的護理費等等。而在醫療費用的部分，指定醫師、醫師指示用藥、血液（非緊急傷病必要的輸血）、掛號費、證明文件、來往醫院的救護車費、超過全民健康保險給付的住院醫療費用，都是健保不給付的項目。

❖ 健保搭配商業保險，立即填補現金缺口

以今年才35歲的俊銘為例，他兩年前被診斷出罹患大腸癌末期，家人不放棄任何治療機會，兩年來嘗試各種中西醫療法，陸續進出醫院住院20次，共達190天，開刀

Part 1 為什麼勞、健保的保障不足？

Part 2

Part 3

Part 4

Part 5

Part 6

Part 7

10次、化療39次、門診200次、針灸5,000針、中醫藥方吃了900帖、殺手細胞療法也做了3次。他的父母傾全力支付龐大醫藥費，如果今天是你的家屬，你準備好超過370萬的醫藥費了嗎？

俊銘的醫療費用總共是372.9萬元，但如果俊銘有投保包含癌症險的商業保險，經過這一連串的醫治過程，總共可獲得562.1萬元的保險理賠（請見圖表1）。除了龐大醫藥費的壓力立刻消失，更重要的是，還有餘裕可選擇效果更好的治療方式。

因病或因傷住院時，不管是病人或陪同家屬，最重視的就是能不能妥善休息。因此，病房升等為雙人房甚至單人房，是一般患者最常花費的項目。

根據統計，若由健保病房升等為雙人房，除了署立醫院和少數醫院僅需500～800元，大部分較具規模的都會區醫院，都要1,500元以上的差額；若升等為單人房，至少要1,500～2,000元，甚至超過3,000元的差額。因此，若能以商業醫療險搭配全民健保，住院時可以獲得更高品質的治療環境。

Part 1 為什麼勞、健保的保障不足？

Part 2

Part 3

Part 4

Part 5

Part 6

Part 7

圖表 1 ▶ 有沒有買保險，醫療費用差很多

如果不幸罹患癌症，治療的過程非常辛苦，除了要有足夠的體力支撐得住，從藥品、營養劑等到看護費，每一個細節都是錢堆積出來的，這時候有沒有商業保險的資助就差很多。

實際醫療費用

項目	次數	花費金額
住院雙人房	190 天	2500 元 ×190 ＝ 47.5 萬元
術後止痛藥	10 次，每次 5 天	6000 元 ×10 次 ×5 天 ＝ 30 萬元
化療止吐丸（一顆 300 元，一天吃 3 顆，約吃 2 至 3 天）	2700 元，40 次	2700 元 ×40 次＝ 10.8 萬元
營養針	2000 元／天	190 天 ×2000 元＝ 38 萬元
外勞看護費	2.2 萬／月	2.2 萬 ×12 月 ×2 年 ＝ 52.8 萬元
門診交通費	200 次	計程車 250 元／次 ×200 ＝ 5 萬元
針灸	5000 針	每針 50 元 ×5000 針 ＝ 25 萬元
中藥	900 帖，320 元	320 元 ×900 帖 ＝ 28.8 萬元
補充營養食物	150 次／ 3000 元	3000 元 ×150 次＝ 45 萬元
殺手細胞療法	3 次／ 30 萬	30 萬 ×3 次＝ 90 萬元
合計		**372.9 萬元**

※備註：保險給付金額以實際保單保額為準

罹癌所需花費的醫療費用，高達 300 多萬元。

商業保險給付

項目	金額
癌症慰問金 （投保金額假設罹癌給付金 40 萬）	40 萬元
住院醫療保險金（日額型 2500 元）	2500×168 ＝ 4.2 萬元
收入補償保險金每日 2000 元（31 日起）	2000×138 ＝ 27.1 萬元
特定手術醫療保險金 （假設投保給付賠償金每次 16 萬）	16 萬 ×10 次＝ 160 萬元
手術後住院醫療保險金 （假設投保給付賠償金每次 2 萬）	2000×10 ＝ 2 萬元
出院療養金 （假設投保給付賠償金每次 3000 元）	3000×168 ＝ 50.4 萬元
化學治療	4800×39 ＝約 18.7 萬元
住院給付每 4000 元	4000×168 ＝ 67.2 萬元
醫療費 (止痛止吐營養針 NK 細胞療法費用)	12 萬 ×16 次＝ 192 萬元
合計	**562.1 萬元**

若是有投保商業保險，可以得到 500 多萬元的理賠，不僅能支付額外的醫療費，剩餘金額還能保障之後的生活。

退休金領多少，
自己都查的到

Part
1
為什麼勞、健保的保障不足？

Part
2

Part
3

Part
4

Part
5

Part
6

Part
7

　　我們都知道，每個月公司會提撥投保薪資6%的退休金，存在自己的退休帳戶中，但是卻不瞭解退休後真正可以領到多少錢？需要多少的退休金，才能真正享受「退休快樂」？

　　近年就業市場月薪漲幅小，根據行政院主計總處2019年5月的調查，台灣的受僱者，月薪未滿3萬元者占32.8％。國內上班族面臨凍薪窘境，偏偏物價又不斷上漲，導致實質消費力「倒退嚕」。許多上班族在正職工作之餘，還從事兼職工作，其中最大原因，就是想要「增加收入、提升生活品質。」

　　先來簡單瞭解一下退休金帳戶的組成。**目前退休金帳戶分成兩大部份，一個是由雇主、個人提撥，即「新制勞工退休金」；另一部份則為「勞保年金」，是由勞保保費所支付**，也就是由勞工每個月支付的勞保費累積而成。以下將這兩部分詳細說明。

❖ 勞工退休金是指什麼？

勞工退休金是指勞工退休時，雇主依法給予勞工的**退休金**，分為勞退舊制與勞退新制，其中勞退舊制已經全面退場，所以不再討論。勞退新制是依據「勞工退休金條例」，每個月公司老闆除了給付員工薪水，還要以員工投保工資的至少6%，額外拿出一筆經費（勞工也可以自己決定要提出多少比例，月薪的0～6%都可），存在勞保局設立的「勞工退休金個人專戶」中。

最重要的是，不管我們換工作或因為公司倒閉而失業，都不會影響這筆退休金的金額和提領資格。也就是說，這個「退休金專屬戶頭」會一直跟著我們，等到年滿60歲時，就可以自行向勞保局提出請領。如果我們不幸在60歲之前就過世了，家屬或遺囑指定請領人也領得到。

這樣算

雇主提撥：43,900×6% = 2,634 元

勞工提撥：43,900×（0～6%）= 0～2,634 元

若月薪 43,900 元，每月勞退帳戶存入的金額最低為 2,634 元，最高為 5,268 元

❖ 勞保年金是指什麼？

　　在勞保年金的部分，上班族每個月被扣的幾百塊錢「勞保費」，部分就是用來付勞保年金的錢。勞保年金除了自己支付的部分外，公司與政府也會一同分攤。其比例為個人負擔20％，公司（投保單位）負擔70％，政府負擔剩下的10％。

　　舉例來說，目前勞保費用分擔的比例，個人負擔20％，以薪資投保上限43,900元來計算，原勞保費率8％，所以勞工每個月要負擔的保費就是702元。

> **這樣算**
>
> **每月勞保保費：43,900×8％ ×20％ ＝ 702 元**

　　常常有人搞混勞工退休金（勞退）和勞保年金，以為每月繳的勞保費用，就是勞退新制的退休金，其實，「勞退」和「勞保年金」兩者的福利是並存且相加的。

　　我們每個月領薪水時，直接從薪資單上扣除的勞工保險費，就是退休後所領的「勞保年金」；而「勞退」是公司每個月額外提撥至少6％，存在勞工專屬帳戶，不會扣勞工的薪水。如果勞工自己也要提撥存進專戶，會用繳款單的方式繳錢，而且自願提撥的部分，還可以在報稅時

Part 1 為什麼勞、健保的保障不足？

Part 2

Part 3

Part 4

Part 5

Part 6

Part 7

扣除所得淨額。

　　有些勞工朋友對於規定不太瞭解，誤以為「勞工退休金」及「勞保年金」，歸屬權屬於雇主，有時候會在不知情的狀態下，犧牲自身的權益。以下3個圖表可以幫助你更瞭解自己的退休權益。

圖表 2 ▶ 查查自己的退休金有多少？

　　勞保局規定只有勞工本人可以查詢勞退專戶，並提供下列5種查詢方式，只要證明是勞工本人，就可以查詢各種退休金紀錄，確認雇主是不是有確實提撥。

方法 1 勞保局臨櫃查詢

必備證件：雙證件

　　勞工親自攜帶國民身分證正本，或其他可辨識身分證明的文件正本（如駕照、護照、健保卡等），至勞保局總局或各地辦事處辦理，經確認為勞工本人後，由勞保局人員列印其勞工退休金個人專戶資料。

方法 2 電話查詢

有語音查詢以及專人電話查詢兩種方式：

1. 語音查詢付費電話（412-1111或412-6666轉接分機123，行動電話或外島地區請加02）：在「查詢被保險人投保資料」服務項目中，選擇2「查詢被保險人勞保投保年資」，即可查詢。
2. 電話服務中心（02-23961266 轉分機 3111）：來電時請說明個人基本資料（包含姓名、出生年月日、身分證號）及最近各服務單位名稱，服務人員即可提供查詢。

方法 3 網路查詢

必備證件：自然人憑證

（自然人憑證申請網址 https://moica.nat.gov.tw/index.html ）

Step1
進入勞保局網站的「網路 e 櫃檯」裡的個人查詢，會開啟「勞工保險局 e 化服務系統」的新視窗。

Step 2
連接好讀卡機後，插入自然人憑證，輸入密碼、身分證字號及出生日期後登入。

Step 3
登入服務系統後，就能清楚地查詢相關金額、申辦繳費表單或設定行動裝置等各項功能。

Part 1 為什麼勞、健保的保障不足？

Part 2

Part 3

Part 4

Part 5

Part 6

Part 7

圖表 3 什麼是「勞工退休金」?

　　以自然人憑證登入勞保局的查詢網頁,就能看到雇主歷年來提撥的勞工退休金明細,包含提撥日期、提撥金額和累計金額。除了可以檢查雇主是否確實提撥6%退休金,還能在「雇提收益」部分,看出勞退基金的投資績效。

累計提撥年資:5 年 2 月 (含舊制 00 年00 月)
雇主提撥累計:120,334 元
雇主提撥收益累計:4,710 元

除了公司必須固定提繳之外,員工也可以自行要求提繳,金額上限是薪資的 6%,若是有提繳,會在薪資單上顯示出來。

大樂文化有限公司 109 年 11 月薪資

姓名	吳小明
本薪	38,000
獎金	5,000
請假扣款	(2,500)
勞保費	(662)
健保費	(513)
勞保退休金自繳扣款	(37,225)
匯款金額	29,225
匯款日期	109/12/5

序 號	資料時段	摘要說...
25	10107	雇主提...
26	10108	雇主提...
27	10109	雇主提...
28	10110	雇主提...
29	10111	雇主提...
30	10112	雇主提...
31	101	雇提收...
32	10201	雇主提...
33	10202	雇主提...
34	10203	雇主提...
35	10204	雇主提...
36	10208	雇主提...

公司老闆必須每個月都幫員工提繳退休金,如果公司有漏繳,可以立刻查到紀錄。

Part 1 為什麼勞、健保的保障不足？

Part 2

Part 3

Part 4

Part 5

Part 6

Part 7

公司老闆的提繳金額至少要是投保工資的6%，從這裡也可以看出公司幫我們投保的薪資，是否符合實際領到的薪水。

勞工退休金個人專戶裡的錢，分為雇主提繳及員工自願提繳兩部分，裡面的金額只有員工自己才能查詢，而且隨時可查，雇主無權過問金額。

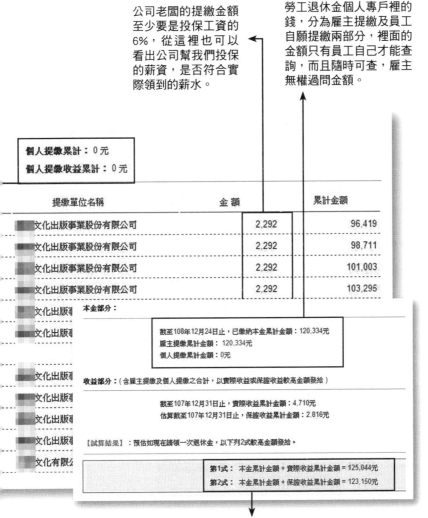

個人提撥累計：0元
個人提撥收益累計：0元

提繳單位名稱	金 額	累計金額
▓▓文化出版事業股份有限公司	2,292	96,419
▓▓文化出版事業股份有限公司	2,292	98,711
▓▓文化出版事業股份有限公司	2,292	101,003
▓▓文化出版事業股份有限公司	2,292	103,295
▓▓文化出版		
▓▓文化出版		
▓▓文化出版		
▓▓文化出版		
▓▓文化出版		
▓▓文化有限公		

本金部分：

截至108年12月24日止，已繳納本金累計金額：120,334元
雇主提繳累計金額：120,334元
個人提繳累計金額：0元

收益部分：（含雇主提繳及個人提繳之合計，以實際收益或保證收益較高金額發給）

截至107年12月31日止，實際收益累計金額：4,710元
估算截至107年12月31日止，保證收益累計金額：2,816元

【試算結果】：預估如現在請領一次退休金，以下列2式較高金額發給。

第1式： 本金累計金額＋實際收益累計金額＝125,044元
第2式： 本金累計金額＋保證收益累計金額＝123,150元

政府會把退休金專戶裡的錢拿去投資，投資結果經過公式計算成「收益部分」，如果投資獲利，我們的退休金就會變多，可以領到「實際收益金額」。若虧損也會有「保證收益金額」，不會損失我們提繳累積下來的本金。

圖表 4 什麼是「勞保年金」？

　　從勞保局官網（http://www.bli.gov.tw/）進入，依以下路徑，可試算自己的老年年金：便民服務→簡易試算→勞保、就保給付金額試算→勞工保險→老年年金給付。設定出生年、年齡、投保薪資和年資後，就能試算出退休後可請領的金額，進而當成計算退休金缺口的依據。

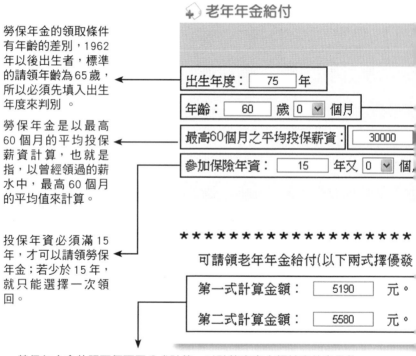

勞保年金的領取條件有年齡的差別，1962年以後出生者，標準的請領年齡為65歲，所以必須先填入出生年度來判別。

勞保年金是以最高60個月的平均投保薪資計算，也就是指，以曾經領過的薪水中，最高60個月的平均值來計算。

投保年資必須滿15年，才可以請領勞保年金；若少於15年，就只能選擇一次領回。

老年年金給付

出生年度： 75 年

年齡： 60 歲 0 個月

最高60個月之平均投保薪資： 30000

參加保險年資： 15 年又 0 個

＊＊＊＊＊＊＊＊＊＊＊＊＊＊＊＊＊＊

可請領老年年金給付(以下兩式擇優發

第一式計算金額： 5190 元。

第二式計算金額： 5580 元。

勞保年金會依照兩個不同公式計算，以計算出來金額較高的來發放，像是圖中的例子，每個月可拿到的勞保年金就會是 5,580 元。

※ 勞保年金公式
保險年資 × 平均月投保薪資 ×0.775％＋ 3,000 元
保險年資 × 平均月投保薪資 ×1.55％
兩式取高者計算

Part 1 為什麼勞、健保的保障不足？

Part 2

Part 3

Part 4

Part 5

Part 6

Part 7

年紀	可領取勞保年金	
60 歲	80%	逐年以4％減額
61 歲	84%	
62 歲	88%	
63 歲	92%	
64 歲	96%	
65 歲	100%	
66 歲	104%	逐年以4％增額
67 歲	108%	
68 歲	112%	
69 歲	116%	
70 歲	120%	

雖然有標準請領年齡，但仍可以提早 5 年或延後 5 年領取，提早會被減額，延後則會增額，以 1986 年出生的人來說，最早可以在 60 歲時就請領。

年以上，始可請領年金給付)

＊＊＊＊＊＊＊＊＊＊＊＊＊＊

雖然投保薪資是以最高 60 個月的薪水金額來計算，但仍有上限，最高只到 43,900 元。

大樂文化有限公司 109 年 11 月薪資	
姓名	吳小明
本薪	38,000
獎金	5,000
請假扣款	(2,500)
勞保費	(662)
健保費	(513)
勞保退休金自繳扣款	(37,225)
匯款金額	29,225
匯款日期	109/12/5

每個人薪資單列出的「勞保費」，除了作為勞工保險各項給付的保費之外，也包括支付勞保年金錢，員工提繳的比例是 20%，雇主負擔 70%，政府則負擔 10%。

1-4

健保 3 大缺口，可以用商業保險補足

　　有個網友在保險論壇裡分享，他有一位阿姨沒有保險的概念，只有在親戚拉保險時，買了一張癌症險。 過了 4 年，阿姨竟然真的被檢查出得了癌症，於是開始一連串住院、檢查、手術、化療的過程。每進行一道醫療程序，醫生都會問她是要用健保給付還是自費？她考慮到用健保給付的醫療方式會比較不舒服、治療效果沒這麼好，甚至最後只有標靶藥物才能減緩病情，所以大多選擇自費的醫材和藥品。

　　治療了一段時間，這位阿姨還是因為癌症過世了。從發現癌症到最後，所有醫藥費加起來總共花了約 250 萬元，要不是那張癌症險的理賠金，幫忙支付了大筆費用，以她只有約 50 萬元的存款，癌症帶來的折磨，恐怕不只是身體上的不舒服而已。

❖ 全民健保≠生病就能完全放心

　　醫療研發日新月異，民眾治療時能選擇的器材及藥品也愈來愈多，健保局雖然竭力趕上世界醫療水準，陸續提供優質的醫材治療與設備，但仍然無法依個人需求，給予客製化補助。在這種情況下，不得不去檢視健保的三大風險缺口。

缺口1：健保不保障退休與長期照護

　　根據內政部公布的最新資料顯示，臺灣民眾平均壽命為80.9歲，其中男性為77.7歲、女性高達84.2歲，醫療科技的進步，在延長壽命方面交出了亮眼的成績單。但也因為在醫療技術或藥物控制下，大部分的人活得更久，連帶使高齡但不健康或必須長期仰賴治療或照護者，也跟著增加。2018年十大死因的死亡年齡，歲數從2013年的75歲提高到77歲。

缺口2：病房費差額及看護費要自付

　　早在前幾年，主計處的資料就顯示，臺灣平均每個月超過26萬人次住院，每天平均有8,800人因病住院，每個人平均住院10.1天。換句話說，每天有8千多個家庭，既要擔心住院家人的病情，也要面對可能必須自費的昂貴

Part 1 為什麼勞、健保的保障不足？

Part 2

Part 3

Part 4

Part 5

Part 6

Part 7

醫療費用，若缺乏照顧人手，還必須另外請看護協助。

就像那位罹癌的阿姨，到了末期已經終日在床，為了可以有安靜的休養環境，決定住進單人病房，一天就需要自費2000元。另外，加上必須請看護24小時照料，平均一天2000元。病房費加看護費用，一個月就要花掉12萬元，而這筆錢，健保可是一毛都不會給付。

如果住院者又是家中經濟的主要來源，那麼家人的壓力可想而知，不只全家面臨斷炊危機，還要再付出一大筆住院醫療費用。如果沒有足夠的存款，就只能祈求自己不要生病。

缺口3：高貴藥材、新型藥材不給付

為了降低支出，二代健保改採DRGs（診斷關聯群 Diagnosis Related Groups）支付制度。簡單來說，過去的健保支付制度是「實支實付」，相同的疾病若治療方式不同，即有不同的給付額度。但DRGs制度則是「同病同酬」的包裹式給付制度，同一種疾病不論治療方式，給付都相同，這也產生了病人的權益是否受損的爭議。

林口長庚關節重建骨科主任李炫昇提醒，因為同一種病的治療，政府給醫院的給付金額都一樣，為了減少開支，醫院就會盡量選用較便宜的醫療用品。這種情況下真正倒楣的，就會是平常乖乖繳納健保費的大眾了。

❖ 計算、補足勞健保缺口3步驟

由以上的說明，我們可以知道，即便有勞健保的保障，還是有許多不足與漏洞，的確需要由商業保險補足。因此以下列出3步驟，供讀者檢視保障缺口。

步驟1：計算勞健保的缺口

若只有勞健保，一般上班族還隱含哪些風險或保障缺口？在勞保壽險保額部份，假使遭逢普通身故，最高可領35個月，計算方式為35×43,900＝153.65萬（最高上限）；如果是因公身故，最高可領45個月，計算方式為45×43,900＝197.55萬（最高上限），保額可說嚴重不足。

至於醫療保障部分，普通住院可以在「住院」的第 4 天起，請領平均月投保薪資 50% 的補助費。因公住院，則是自「不能工作」的第 4 天起，得請領平均月投保薪資 70 %的補償費。以投保薪資3萬元為例，普通住院一日理賠500元；因公住院一日理賠700元，也是嚴重不足，更遑論重大疾病及癌症險的保障。

可透過壽險公會的試算工具，簡單找出保障缺口（中華民國人壽保險商業同業公會tp://www.lia-roc.org.tw/→保戶園地→保險需求試算專區→保障需求分析）。

Part 1 為什麼勞、健保的保障不足？

Part 2

Part 3

Part 4

Part 5

Part 6

Part 7

步驟2：檢視目前壽險保額

投保壽險的目的，在於萬一發生不幸導致身故，理賠金可以讓家人得以繼續生活下去，家庭經濟不至於陷入困境。

壽險又分為終身壽險、定期壽險等，加上投資型保單也有壽險保額，加總起來就是你目前的所有壽險額度，仔細計算之後，就要開始調整保單內容及額度。

步驟3：應補足的壽險額度計算

如果統計出來後，發現目前的壽險額度不足以應付保障缺口，就要加強保額。但因終身壽險會隨著年齡增長而使得保費更貴，**如果預算不足，不妨考慮用較為便宜的定期壽險補足保障，或是考慮兼具投資及保障功能的投資型保單。**

❖ 健保DRGs制度下，小百姓自求多福

前文所述的健保3大缺口——退休、看護或新型藥材等狀況，可能離一般人較遙遠，但健保因為虧損因素，近幾年不斷修改制度，我們應該都能感覺到，看病的感覺和以前不太一樣了。

健保的3大缺口，我們可以透過商業醫療險補足，但

Part
1
為什麼勞、健保的保障不足？

Part
2

Part
3

Part
4

Part
5

Part
6

Part
7

平常的小病小痛，健保補助範圍卻愈來愈小。例如，各大醫院的健保病房，永遠都是客滿狀態。如果不幸罹癌，新開發的標靶藥物，通通都得自己付錢。當妻子無法順產時，健保卻不能補助剖腹產的費用。至於不需住院的小手術，就連一毛補助或理賠都申請不到……。

健保DRGs第二階段，從103年7月開始擴大實施，不少反對聲浪隨之而來。政府原本的美意，是希望有效控管醫療資源，讓醫院用更有效率的方式提供治療，但超過DRGs給付上限的費用，卻要由醫院自行吸收，看在重症病人和醫生的眼裡，頗感無能為力。

此外，住院天數下降，手術型態出現了改變，這也對我們所投保的醫療險有直接影響。

醫療險一般分為「日額型」和「實支實付型」，早期大多以日額型為首要考量，因為只要保戶住院天數愈多，就能申請愈多的理賠。但隨著住院天數縮短，住院雜費跟手術費用卻不斷提高，愈來愈多人選擇提高實支實付型的額度，以做為保障。

醫療技術的進步改變了手術型態，原本的「住院手術」大幅轉型為「門診手術」，**民眾在檢視醫療險保單時，要注意是否包含門診手術，也要確定門診手術的認定範圍。**後文也將為讀者介紹更多醫療險的類型。

圖表 5 健保不給付的5大醫療需求

病房升等	健保給付的病房多半是 4 人房,有的醫院甚至是 6 人一 間,只要稍有聲響,很容易就會被打擾。若想升等雙人或單人病房,就要自付差額 1,200 ~ 3,600 元。
自費用藥	癌症用藥裡的營養針、止吐劑(抗癌針)、免疫性高蛋白等藥品,以目前行情粗估,抗癌針一個月約需花費 8 萬元、止痛針每針約 5,000 元,這些全民健保都不給付,但商業保險卻能幫你。
看護人員	當家人無法親自照顧長期住院的親人時,就需要請特別看護,有時還必須 24 小時的全天照料,看護費每天約 2,000 ~ 2,500 元,這些費用全民健保不給付。
高科技診療	目前仍有許多特殊的診療或檢驗項目,全民健保不給付,像是腦部斷層掃描及相關科別會診治療,這些費用可能高達萬元,可以讓商業保險來協助負擔。
美容整型	大部分的美容整型,因為不屬於醫療的範圍,所以不只全民健保不給付,商業保險也不會理賠。至於燒燙傷而產生的美容整型費用,各家商業保險理賠方式不一,建議多家比較出最適合者。

買保險前要懂的那些事

- 勞保、健保或各種商業保險，都是一種「以貨幣形式分散個人危難」的社會風險轉嫁機制。
- 雙金上路後對基本生活已有保障，突來的醫療支出可透過重大疾病險、健康險以及看護險來預防。
- 目前退休金帳戶分成兩大部份，一個是由雇主、個人提撥的「新制勞工退休金」；另一部份則為「勞保年金」，是由勞工每個月支付的勞保費累積而成。
- 如果預算不足，不妨考慮用較為便宜的定期壽險補足保障，或是考慮兼具投資及保障功能的投資型保單。
- 民眾在檢視醫療險保單時，要注意是否包含門診手術，也要確定門診手術的認定範圍。

Part 1 為什麼勞、健保的保障不足？

Part 2

Part 3

Part 4

Part 5

Part 6

Part 7

Part 2

勞保不足，3招 「保你存到」千

萬退休金！

2-1

你的退休金夠用嗎？
算算看就知道

　　退休最怕的是活太久身體不好，更怕活太久身體不好又沒有錢，退休生活根本沒有品質可言。

　　偏偏「長壽」是趨勢，根據主計處「國民幸福指數統計」來看，近幾年國人自評健康狀態良好比率，皆維持在8成左右，但會隨著家庭收入遞減而降低。換句話說，收入比較高的人，比較能維持健康的身體；收入比較低的人，會因為擔心開銷而不敢貿然就醫，導致退休生活病痛相隨。

　　2007年《遠見雜誌》，曾經調查退休族和上班族的退休觀念，發現在「存款、老伴、房子、子女、保險、老朋友、健康」等7項要素當中，受訪者的重視依序為：存款（75%）、老伴（46.5%）、房子（41.7%）、子女（37.5%）。

　　多數人最在乎退休後有沒有足夠的錢可以用，然而，沒有人知道自己可以活多久，也沒有人可以精準預測

自己從退休到死亡的那一刻，總共需要多少錢花用。但重要的是可以有病治病、維持一定的生活品質，還能隨時走透透、環遊世界。

還有人說，台北市的物價太高，乾脆退休後搬到鄉下去住，這樣退休金就只要準備幾百萬就好，花完了就搬回來跟子女同住，享受三代同堂、含飴弄孫的幸福。但這也得視晚輩的家庭狀況及成員意願而定，有時人多是非就多，同住反而徒增煩惱。

❖ 用所得替代率衡量退休花費

事實上，每個人對退休生活的期待不同，所需要的花費也不一樣，可以用「所得替代率」，來簡單衡量退休金是否已經準備足夠。**「所得替代率」是指退休後每個月可支配的金額，占退休前每月收入的比重**，舉個例子來看，若估計退休後每個月總花費是3萬元，而退休前的月收入是5萬元的，所得替代率就要有60%。

至於多少所得替代率才足夠呢？專家建議，70%左右、最高不超過80%是最佳狀態。學者林萬億曾試算，勞工以平均薪資49,200元、工作35年來計算的話，包括勞保加勞退的總所得替代率，卻僅有60%。

由於目標（所得替代率7成）與實際情況（所得替代

Part 1

Part 2 補勞保不足，3招「保你存到」千萬退休金！

Part 3

Part 4

Part 5

Part 6

Part 7

率6成）存在著10%的差異，為避免這10%的資金缺口影響到退休後的生活品質，一般民眾必須得靠自己來存退休金。舉例來說，原本計畫工作滿 35 年就要退休的勞工，為了使退休後的所得替代率可以達到70%，不靠商業保險的話，還必須再工作 7.7 年才能退休。

現行的年金給付是3萬元以下所得替代率以1.55％計算，超過3萬元以上以1.3％計算。以下舉一個例子實際演算：假設一位勞工退休前平均月投保薪資約4萬元，依照勞退最新改革版本的算法，若投保30年後打算退休，則每月可領大約17,850 元。

這樣算

$30,000 \times 30 \times 1.55\% = 13,950$ 元

$10,000 \times 30 \times 1.3\% = 3,900$ 元

$13,950 + 3,900 = 17,850$ 元

但如果以「所得替代率7成」為目標，至少每月要有28,000元。扣除掉勞退新制月退金4,636元，換句話說，這中間還有5,514元的金額，必須要自己想辦法。這筆得自己想辦法的額度，要不就該位勞工自己延長工作年限，要不就是購買商業保險補足缺口。

要注意的是，國人的平均壽命會愈來愈長，再加上

退休後伴隨而來的意外傷害或重大疾病等醫療費用，可能會大幅提升。所以「所得替代率」所算出來的退休金目標，絕對是基本門檻。因此若有餘力，一定要多存一些，才能彌補退休生活可能產生的風險。

❖ 退休前所得愈高，替代率愈低

此外，假設退休前平均月薪10萬元，以所得替代率7成來計算，退休後每個月至少要準備7萬元。但勞保現制的投保薪資，最高只有4萬3900元，工作30年退休後，每個月最多只能領到20,414元，兩者總計差了4萬多元。

> **這樣算**
>
> $43,900 \times 30 \times 1.55\% = 20,414$ 元
>
> $70,000 - 20,414 = 49,586$ 元

也就是說，退休前所得愈高，所得替代率愈低。並不是說薪資所得愈高愈不利，這只是勞保年金在考量之下的設計限制。不過，從以上例子可以知道，工作愈久則對退休規劃愈有利，但每個人願意接受的工作年限或許有限。所以，奉勸現在領高薪的上班族，除了勞保年金之外，一定要幫自己額外準備退休金，來彌補這個缺口。

Part 1

Part 2 補勞保不足，3招「保你存到」千萬退休金！

Part 3

Part 4

Part 5

Part 6

Part 7

2-2

學靜子阿嬤用儲蓄險
存到千萬退休金

　　如何算使用金錢得當、如何理想規劃退休生活，很多人都有不同的想法：有的人希望靠收租養老；有的人選擇投資股票或基金。而以下介紹的儲蓄險，不僅是個可以提供基本保障的選擇，只要運用得當，還有機會累積財富。以下舉3個例子，提供幾種常見的退休計畫做為參考。

　　1949年次的工友靜子阿嬤出身清苦家庭，國小畢業後就沒有升學，到處打工賺錢。擔任過工廠作業員、醫院工友等工作，從月薪300多元做起，最高時也不超過4萬元。然而，工作40多年下來，靜子阿嬤靠自己一個人的力量，陸續買了4間房子、20兩黃金還有價值千萬元的保單，總資產超過4千萬元。

　　讓她累積千萬資產的撇步很簡單——有錢就買儲蓄險。靜子阿嬤在22歲那一年升做工廠領班，每個月薪水加上加班費大約有2千元，她當時買了一張儲蓄險，每季

Part
1

Part
2
補勞保不足，3招「保你存到」千萬退休金！

Part
3

Part
4

Part
5

Part
6

Part
7

繳1千元，她算好10年後就可以領回5萬元，等於繳4萬領5萬元，賺1萬元。

10年後保單到期，靜子阿嬤用這筆5萬元的保險滿期金，當作買房的頭期款，後來轉手賣掉房子，賺了10萬元後，又把這10萬元拆成兩張6年期的儲蓄險。此外，靜子阿嬤從1975年開始，就陸續買進保額1萬元的郵政壽險，平均每2年就買一張，現在手上至少還有30張未到期的保單，總價值達上千萬元。

靜子阿嬤以保險做為儲蓄的核心工具，有錢就買保單，等到保單到期，再把錢拿出來買房，或是再轉進另一張儲蓄險，長久累積下來，累積了上千萬財富！

❖ 收租並非絕對穩定的退休金來源

有位知名的女親子作家，曾經做過短暫的包租婆，剛結婚沒幾年為了上班方便，她從中壢搬到台北，把還算新屋的套房出租出去，打算用租金減輕生活負擔。第一位房客是個有穩定工作的上班族，從不拖欠房租，租賃雙方合作愉快，可惜只租了2、3年，就因為調職必須退租，而這位親子作家的包租婆美夢，也開始變成惡夢。

第二任房客是一對做外勞仲介生意的夫妻，一開始就直接開出12張支票給這位親子作家當房租，但卻在退

租時發現，他們竟然拖欠了將近2萬元的電話費。第三任
房客是個貨運司機，退租時不僅廁所髒得令人作嘔，還留
下滿屋的垃圾。第四任房客竟然是特種營業，屋子裡聚集
了一群未成年少女，還出現成群的跳蚤……。

　　幾次不愉快的出租經驗之後，她決定把套房賣掉，
但房子所在區域的房價，並沒有如當初盤算的因為都市計
畫而上漲，反而又遇上金融風暴，房子根本賣不出去，到
最後她只能半價認賠殺出。

　　雖然這位親子作家並不是把收租金當成退休規劃，
卻有很多人打著這樣的主意，想要買個房子當包租公、包
租婆，夢想用租金過愜意的退休生活。但不少人同樣會遇
到爛房客、房價沒增值、投資報酬率不如預期等等問題。

　　很多人以為買房投資，只要拿得出第一筆頭期款，
接下來的貸款用租金去支付即可。殊不知現在就連熱門商
圈的店面，投資報酬率都不到2%，甚至如果買錯地點，
貸款成數無法提高，有時候還會面臨「找不到房客」的窘
境，要繳的貸款就得從自己的口袋掏出來。

　　也有人是計畫退休後當學生套房或雅房的包租公，
但目前房價普遍上漲，大學城學生宿舍投報率也不如過
往，北部大學租金投報率幾乎都掉到2%左右。尤其在少
子化情況下，許多大學都因為招生不足準備退場，如果不
能掌握學生人數以及宿舍空置的問題，租金報酬率再高，

也是看得到吃不到。種種現實考量下，投資熱門商圈店面或學區，不再是過去所說的「金雞母」了。

❖ 投資股票不保證複利滾存

也有不少人選擇投資股票或基金做為退休規劃，但近年來受國際市場的影響，無論是台股、全球股票型基金、債券型基金，波動度都不小。

尤其在經歷過2008年的金融海嘯之後，許多投資人才發現，原來投資不是擺得夠久就會穩賺不賠，長期投資更不會保證「複利滾存」。不只是美股受到影響，全球主要股市都會受到衝擊，如果哪天股票變成壁紙，投入的老本隨時可能化為烏有。

有位60多歲的早餐店老闆，在開店之前，原本是個準備安享退休生活的上班族。原來他在退休前聽了同事的建議，買了一支未上市公司的股票，期望等到股票上市時股價狂飆，可以為退休金加碼。但沒想到時間慢慢過去，這家公司不但股票沒有上市，還持續虧損，當初投入的資金只剩下1/3。

偏偏就在這時，他任職的公司為了精簡人事，強迫這些屆退的老員工提前退休，眼看馬上就要沒有收入了，退休金也不夠未來開銷，剛好看到住家附近的早餐店要頂

Part 1

Part 2 補勞保不足，3招「保你存到」千萬退休金！

Part 3

Part 4

Part 5

Part 6

Part 7

讓，他就決定接下來賣早餐，趁還有體力時盡量多存一些
老本。

❖ 以儲蓄險規劃，能更穩健儲存退休金

既然房租收入不穩定，股票或基金投資也不是穩賺
不賠，如果運氣不好一毛錢都拿不到，退休生活可就要喝
西北風了。

**用儲蓄險做為退休規劃的優點是，儲蓄險兼具壽險
保障的功能**，儘管相同保費下，儲蓄險的保額比一般壽險
低，但還是可以補強原本壽險保障的不足，且「不用身故
就可以拿回來」，適合做為退休後的收入來源。

此外**儲蓄險可以保本，利率相對上比銀行定存要高
一點，還有不能輕易解約的「閉鎖期」**，例如6年期的儲
蓄險，只要開始投保，6年期滿前都不能輕易解約，否則
絕對虧大錢，能讓容易亂花錢的人，更有效地儲存退休
金。

有位保險業務員曾分享顧客的案例，今年63歲的陳
醫師，決定要買儲蓄險幫自己做退休規劃，年繳保費90
多萬元，滿6年後可領回600萬元。「我告訴我的小孩，
這6年我的錢都不能動，誰都別想打我的主意。我現在還
能賺錢，所以這筆保險金就是等到我做到不能做、要退休

時用的。」陳醫師說。

　　因為陳醫師看到周遭許多有錢的醫生朋友，買了很多的儲蓄險，但是在滿期之後，就被小孩或親友「借」去，然後一去不回頭，於是他決定要「延長儲蓄險的壽命」，就算滿期也不要把錢拿出來，讓保單價值準備金不斷地利滾利，等到真的有急用才提領出來。以陳醫師來說，儲蓄險就是一個非常適合他的存退休金工具。

Part 1

Part 2 補勞保不足，3招「保你存到」千萬退休金！

Part 3

Part 4

Part 5

Part 6

Part 7

2-3

要繳少領多，
你得愈年輕買愈好

　　瞭解目前市面上可以買到的熱門儲蓄險之後，接著就要來試算，到底要怎麼存退休金才夠。假設65歲退休，以國人平均壽命80歲來算，至少要準備足夠15年花用的退休金。

　　建議大家如果有能力，愈早準備退休金愈好，因為愈早準備，所需要的資金成本就愈少。此外，這個退休金的帳戶，不能和小孩的教育金或生活費混為一談，退休帳戶裡的錢能不動用就不動用，更不要輕易透露自己的退休金額，才能保全資產。

　　專家建議，退休後領回整筆現金的人，若擔心一次花太多，而想要分批領回，可以將這整筆現金，轉存入配息型基金，或者銀行定存。在本金不會減少的情況下，還能夠領取固定的利息，當作生活費用，也可視為另一種型態的年金。

　　最後，再次建議讀者，**儲蓄險如果真的要解約，可**

以請保險公司先提供保單資料，看看現在的「保單價值準備金」有多少，這個數字等同於當下解約可以拿回的錢。而保單價值準備金的意思就是，「保戶累積所繳交保費在扣除必要支出後，多存在保險公司，可用來支應未來保險金給付金額」的帳戶。

所以，保單價值準備金不等於所繳保費，通常會少於所繳保費。保戶要有這點認知，才能正確判斷是否應該解約。

圖表6是財務顧問，根據不同年齡層所作的退休規劃建議，目標是退休後可以達到7成的所得替代率。小周（25歲）、大強（35歲）和老張（45歲），他們都希望在60歲退休，除了勞工退休金和勞保年金，剩下的缺口將搭配商業保險來補足。他們每個月付出和領回的金額，如下表所示。

Part 1

Part 2 補勞保不足，3招「保你存到」千萬退休金！

Part 3

Part 4

Part 5

Part 6

Part 7

圖表6 ▶ 用商業保險補退休缺口的3個案例

案例 1

假設小周工作35年後在60歲退休時，月薪為6萬元，根據所得替代率7成計算，退休要月領42,000元才夠。勞退帳戶的投報率假設為每年2%，年金險的投報率為每年3%，而小周工作期間的平均月薪為4萬元。經過勞退年金、勞保年金和年金險的計算後，我們可以得出小周的退休金計畫：

小周的退休金計畫				
	勞退年金	勞保年金	商業保險	Total
退休後 每月領回	7,357 元	21,700 元	13,289 元	42,346 元
目前 每月付出	0 元 （雇主提撥）	722 元 （勞保費）	10,000 元 （年繳 12 萬元）	10,722 元

案例 2

假設大強也希望在工作25年後的60歲退休，且退休時月薪為6萬元，那根據所得替代率7成計算，退休要月領42,000元。勞退帳戶的投報率假設為每年2%，年金險的投報率為每年3%，且大強工作期間的平均月薪為4萬元。經過勞退年金、勞保年金和年金險的計算後，我們可以得出大強的退休金計畫：

大強的退休金計畫				
	勞退年金	勞保年金	商業保險	Total
退休後 每月領回	4,713 元	21,700 元	15,798 元	42,211 元
目前 每月付出	0 元 （雇主提撥）	722 元 （勞保費）	15,834 元 （年繳 19 萬元）	16,556 元

案例 3

　　老張希望在工作15年後的60歲退休，且退休時月薪為6萬元，那根據所得替代率7成計算，退休要月領42,000元。勞退帳戶的投報率假設為每年2％，年金險的投報率為每年3％，且老張工作期間的平均月薪為4萬元。經過勞退年金、勞保年金和年金險的計算後，我們可以得出老張的退休金計畫：

老張的退休金計畫				
	勞退年金	勞保年金	商業保險	Total
退休後 每月領回	2,545 元	21,700 元	18,038 元	42,283 元
目前 每月付出	0 元 （雇主提撥）	722 元 （勞保費）	24,167 元 （年繳 29 萬元）	24,889 元

2-4

儲蓄險和減肥一樣，需要毅力

已經邁入30大關的王大發，在公司也有5、6年的工作資歷了，今年終於讓他熬到課長的位置，每個月的薪水也多了幾千塊錢。

但王大發不想把這些錢又全都拿去吃喝玩樂，覺得也該開始為未來的日子盤算一下了，想存一些老婆本，或是投資基金，但現在銀行的定存利率只有1%左右，實在讓他提不起勁。於是他想到正在做保險業務的大學同學小陳，或許可以跟他買個儲蓄險來存錢。

❖ 儲蓄險和定存有什麼不同？

他依照自己的生活花費仔細算了一下，發現每個月可以撥出3,000元存起來，他把「不想把錢放在銀行生那一點點利息」的想法告訴小陳，小陳立刻順勢向他提出自家儲蓄險的優勢：「現在定存利率那麼低，但這張保單的

預定利率至少有2%，絕對比銀行定存高，而且你還多了幾十萬的保障呢！」

光是聽到「比銀行利率還高」這一點，就已經打動了王大發的心，小陳抓住了王大發只是單純想存錢的心理，把「儲蓄」放在「保險」之前，向王大發提出儲蓄險的好處。然而，實際上儲蓄險仍是一種保險，不能與銀行定存相提並論，業務讓王大發以存款戶的邏輯來思考保險，其實是在誤導他。

小陳幫王大發規劃了一個6年期年繳保費6萬元的儲蓄險，第8年可以拿回38萬元，直接賺到2萬元，王大發覺得這個投資報酬率不錯，馬上就決定買了。沒想到才付了兩年的保費，王大發的媽媽決定要把已經住了20幾年的老公寓重新翻修，要每個孩子都要出錢負擔一些。

這時王大發想把當初「存」在保險裡的錢拿出來運用，才發現**儲蓄險和定存不一樣，想要提早解約就必須付違約金**。換算下來，能夠領回的錢比當初繳出去的還少，這才懊惱沒早點看清楚條款，如今已騎虎難下。

❖ 儲蓄險的陷阱——提前解約、預定利率

儲蓄險對保險公司來說，保戶在保險期間死亡要給錢，保戶活到繳費期滿，也要給錢。在「生死都要賠」的

Part 1

Part 2 補勞保不足，3招「保你存到」千萬退休金！

Part 3

Part 4

Part 5

Part 6

Part 7

情況下，如果保戶要提前解約，保險公司就會把他們之前
已經承擔的保戶風險換算為成本，從保戶可領回的錢裡扣
除。所以**提前解約通常都不可能拿回全部的錢，甚至可以
說「一定會比所繳的保費還少」，這和定存的概念完全不
一樣**，也是最常被大家誤解的地方。

　　這種提早解約所造成的損失，不只會發生在短年期
的儲蓄險，10～20年期的儲蓄險，如果在投保還沒超過
一半的年限就提早解約，折損的金額也會很慘重。

　　而保險公司計算保費時的「預定利率」裡，還必須
扣除「附加費用」，也就是保險公司在處理這份保險的成
本，像是人事、行政管理等費用。另外，保險公司提供的
那幾十萬保障中，也有「保險成本」，這樣東扣西扣之
後，再加上每年的通膨就要以4%計算，真正的存款利息
和業務所說的預定利率，是不會相等的。

　　要注意的是，市場利率不會一成不變，如果中央銀
行調升利率，銀行的定存利率也會跟著上升，但一張保單
的預定利率卻是固定不動的。所以，若是市場利率逐漸漲
回金融海嘯之前的水準，保戶就「虧到了」。

　　但反過來看，如果是在市場利率較高的時候買了儲
蓄險，將來定存利率降低，保險公司同樣不能改變預定利
率，這時候保戶反而是「賺到了」。就像許多保險業務在
幫大家檢視保單內容時，只要發現有在十幾年前購買的儲

蓄險，就多半會提醒「千萬不要解約」，因為近幾年的儲蓄險，絕對不會有當時那麼高的利率。

❖買儲蓄險前要有「長期」打算

另外則是要想清楚，儲蓄險裡的這筆錢，必定是為了長期資金運用，例如是為了購買房子、作為子女的教育基金、用來退休養老等等。

圖表 7 ▶ 定存與儲蓄險利率比較

銀行定存利率會隨市場上下波動，但儲蓄險利率多半是固定不動的，一旦景氣回升讓銀行利率上漲回來，儲蓄險的利率不一定比較占便宜。

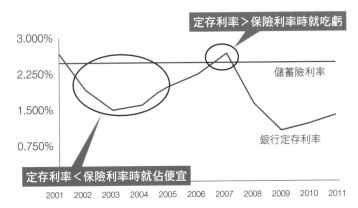

Part 1

Part 2 補勞保不足，3招「保你存到」千萬退休金！

Part 3

Part 4

Part 5

Part 6

Part 7

　　例如曾有位網友分享，在30年前還是高利率的時期，他就買了一份20年期的儲蓄險，可是在投保的第4年時突然閃電結婚，想把儲蓄險裡的錢拿出來籌備婚禮，但結算下來只能領回一半的錢，覺得非常不划算。

　　類似的情況比比皆是，另一位網友表示，他在買儲蓄險時才不到30歲，剛好是資金周轉需求較高的時候，其實並不適合被儲蓄險「綁死」，當時因提早解約，也是慘賠了不少。

　　但這也**不代表只有資金充足的人才能買儲蓄險，而是應該把儲蓄險當作長期投資的一個項目**，當自己有「閒錢」，又找不到更好的投資標的時，就可以選擇儲蓄險。

　　前述案例的王大發，無法接受儲蓄險提早解約會「虧很大」，小陳於是轉而建議他，只要領一部分的錢出來就好，讓這份保單繼續有效力，對保戶來說仍然有保障。王大發想想，這樣頂多是利息會變少，但至少還有錢存在保險裡，不但不需解約，剩下的錢也還可以繼續生利息，總的來說，不算是「虧」了。

　　過了一陣子，王大發突然收到保險公司催繳貸款利息的通知，他覺得莫名其妙，於是跟小陳問個清楚。這才發現他根本不是「領了一些自己的錢」，而是「向保險公司借了一筆錢」，不但拿不到利息，他還得付給保險公司利息！

❖ 保險公司不讓人「領」錢，只讓人「借」錢

Part 1

Part 2 補勞保不足，3招「保你存到」千萬退休金！

Part 3

Part 4

Part 5

Part 6

Part 7

其實，小陳所謂的「提領」，本質上是「**保單質借**」，**就是保戶用保單的價值，向保險公司借錢，既然是借錢，當然就要付出利息。**所以，一旦保戶把儲蓄險裡的錢提領出來，這時雙方關係已經不只是「保戶與保險公司」這麼簡單，另外還多了「借款人與債主」的身分。

這個借款的機制，就是為了讓保戶在不解約的情況下，能夠臨時周轉資金，完全符合王大發所面臨的狀況。但許多業務員也跟小陳一樣，沒有向保戶清楚說明這個機制，讓他誤以為保險公司就和銀行一樣，需要用錢時可以「部分解約」。**但實際上，對保險公司而言，並沒有「部分」解約這種做法。**

有些對保險稍有概念的人，這時可能會建議王大發選擇「減額繳清」，以後都不用再付一毛錢保費，還可以繼續擁有保障。但這麼做仍會降低保險金額，像王大發原本的保險額度有17萬元，如果這時辦理減額繳清，保險額度就只剩5萬元了。

總而言之，王大發在投保儲蓄險的同時，就應該要預留一些現金在手邊，以備不時之需，就不會有需要保單質借或是減額繳清的問題。

藝人溫昇豪就是懂得妥善分配資金的例子：每當有

薪水入帳,溫昇豪就會把錢分成三份,一份轉入銀行定存,一份留在身邊隨時運用,最後一份才是支付保險和投資。**把儲蓄及應急的錢分開,在需要用錢的時候,才可以「保住」儲蓄險保單**,以免賠了夫人又折兵。

業務員在介紹儲蓄險產品時,多半都會告訴客戶,除了期滿後可以領回一筆錢,在儲蓄的這段期間裡還有保險。但是,如果仔細推敲每筆保費分別在「儲蓄」及「保險」的比例,就會發現大多數的錢都是被「存起來」了,實際用於保險的金額非常低。

圖表 8 ▶ 儲蓄險類型和保障方式

	類型		
	長年期（10～20 年）		短年期 （6 年期）
	增值型： 保險金額會以複利 逐年增加	年金型： 定期領回固定金額	
領錢 方式	期滿後可以依需求提領一部分的錢，剩下的錢會再繼續以複利增加。	期滿後固定每幾年領回一筆固定金額，不能一次全部提領出來。	期滿後一次把全部的錢提領出來。
保障 方式	期滿後保障持續至終身，死亡後依剩下的金額比例，可領到一筆錢。	期滿後保障持續至終身，死亡後可領到一筆錢。	期滿後保單合約就結束，死亡後不再領錢。

↓ 活得越久領得越多，就是這一種！

↓ 「每 × 年領 × 萬」，就是年金型。

↓ 在銀行存了 6 年的定存，就是這種！

Part 1

Part 2 補勞保不足，3 招「保你存到」千萬退休金！

Part 3

Part 4

Part 5

Part 6

Part 7

2-5

儲蓄險保費不能過高，必須量力而為

　　臺灣人做事很愛「一兼二顧」，而儲蓄險正好符合這種心態，能夠「存錢同時又有保障」，很容易讓客戶心動。但實際上在購買儲蓄險時，必須量力而為，才不會因「儲蓄」這件事，把生活壓得喘不過氣。

　　在用儲蓄險來規劃退休金時，一定要先弄清楚每一種產品的特性，以免還沒存夠退休金，就先犧牲了生活品質；或是還沒有享受到退休金，就先上天堂了。

　　「不用再考慮了啦！儲蓄險就像定存，強迫儲蓄，存了幾年就可以領回一筆錢，非常划算，無論年紀多大來買都很划算。」業務員對60歲的阿香這麼說，阿香心想業務員說得蠻有道理，自己年紀大了，不應該再買風險比較高的投資標的，於是就把所有的現金，都拿去買儲蓄險，只留一點生活費在身邊。

　　偏偏阿香不小心出了車禍，住院一個星期，加上後續請看護、復健、買藥等花費，一個月至少要支出5萬

元。但阿香之前才把手邊的現金都拿去買保險，根本沒有多餘的錢，只好先跟親友借錢，緊急度過難關。

年紀愈大，買儲蓄險做退休規劃的意義就愈小，因為儲蓄險的「複利滾存」就是藉由時間的累積，讓利息不斷地孳生，時間一拉長的退休金才會愈滾愈大。此外，最好要確保短期之內用不到這筆投資在儲蓄險的錢，而且身上留有6個月以上的生活費可用，才適合買儲蓄險。

因此，距離退休年齡愈遠的人想以儲蓄險做投資規劃，可以用愈少的本金去「滾」；但若是再過沒幾年就要退休的人，想要在短時間內「滾」出同樣金額的退休金，一開始就必須準備大筆的本金，也就失去規劃意義了。

❖ 儲蓄險不是投入愈多資金就愈好

目前市面上主要有年金保險（還本型壽險）、郵政壽險、6～10年期儲蓄險及6～10年期外幣保單，這4種熱賣的儲蓄險產品，各自有不同的特色及風險，也適合不同的購買族群。

要注意的是，6～10年期的儲蓄險及外幣保單，比較適合具備一定財力的人，因為是短年期的儲蓄險，投入愈大的資金，才能看出累積財富的效果。有保險業務員就專門鎖定高資產族群，年繳保費將近100萬元下，6年滿期

Part 1

Part 2 補勞保不足，3招「保你存到」千萬退休金！

Part 3

Part 4

Part 5

Part 6

Part 7

後至少有600萬元。

　　圖表9～12會深入介紹這4種商品，並提出各自的優、缺點和特色，讓不同族群可以選擇最適合自己的儲蓄險產品。

Part 1

Part 2 補勞保不足，3招「保你存到」千萬退休金！

Part 3

Part 4

Part 5

Part 6

Part 7

圖表 9 儲蓄險工具1：郵政壽險

郵局推出的還本保險，是最簡單的儲蓄型保險，很多人用來提早儲備退休金。

除了期滿還本之外，大多數的郵政壽險也有每 3 年領回一筆的「生存保險金」，形同年金。

郵政簡易人壽歡喜還本保險契約條款

內容摘要

一、當事人資料：要保人及保險公司

二、契約重要內容

　　(一)契約撤銷權(第 3 條)

(保險範圍)

第　五　條　　被保險人於本契約生效日起，每屆滿三年之保單週年日仍生存，且本契約仍屬有效者，本公司依第十三條約定，給付生存保險金。

被保險人於本契約滿期日生存且本契約仍屬有效者，本公司依第十四條約定，給付滿期保險金。

被保險人於本契約有效期間內身故者，本公司依第十五條約定，給付身故保險金。

被保險人於本契約有效期間內致成附表所列殘廢項目之一(以下稱完全殘廢)，並經醫院診斷確定者，本公司依第十六條約定，給付完全殘

保費少，相對保額也少，只有 10 萬元，但若是在保單滿期前解約，仍會損失本金。

繳 10 年，年繳 12,432 元，等於一個月省下 1,000 元左右即可，適合剛出社會的新鮮人或小資族。

郵政簡易人壽歡喜還本保險

(生存保險金、滿期保險金、身故保險金及完全殘廢保險金)

＊本保險為不分紅保險單，不參加紅利分配，並無紅利給付項目。

＊本商品部分年齡可能發生累積所繳保險費扣除已領生存保險金給付後之金額超出

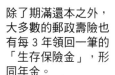

郵政簡易人壽歡喜還本保險　費率表

繳費期間：10年期				險種代號：Y18				保額單位：10萬元				保費單位：元
繳費方法				男 性				女 性				
保險年齡	年 繳	半 年 繳	季 繳	月 繳	年 繳	半 年 繳	季 繳	月 繳				
16歲	12,432	6,465	3,257	1,094	12,429	6,463	3,256	1,094				
17歲	12,432	6,465	3,257	1,094	12,429	6,463	3,256	1,094				
18歲	12,432	6,465	3,257	1,094	12,429	6,463	3,256	1,094				
19歲	12,432	6,465	3,257	1,094	12,429	6,463	3,256	1,094				
20歲	12,433	6,465	3,257	1,094	12,430	6,464	3,257	1,094				
21歲	12,433	6,465	3,257	1,094	12,430	6,464	3,257	1,094				
22歲	12,433	6,465	3,257	1,094	12,430	6,464	3,257	1,094				
23歲	12,433	6,465	3,257	1,094	12,430	6,464	3,257	1,094				
24歲	12,433	6,465	3,257	1,094	12,430	6,464	3,257	1,094				
25歲	12,434	6,466	3,258	1,094	12,430	6,464	3,257	1,094				
26歲	12,434	6,466	3,258	1,094	12,430	6,464	3,257	1,094				
27歲	12,434	6,466	3,258	1,094	12,430	6,464	3,257	1,094				
28歲	12,434	6,466	3,258	1,094	12,430	6,464	3,257	1,094				
29歲	12,434	6,466	3,258	1,094	12,430	6,464	3,257	1,094				
30歲	12,435	6,466	3,258	1,094	12,431	6,464	3,257	1,094				

特色 國內據點最多、形象最有保障的壽險商品。

優點：郵局帳戶的普及率高、服務據點多。

缺點：利率偏低。

圖表 10 ▶ 儲蓄險工具2：6～10年期儲蓄險

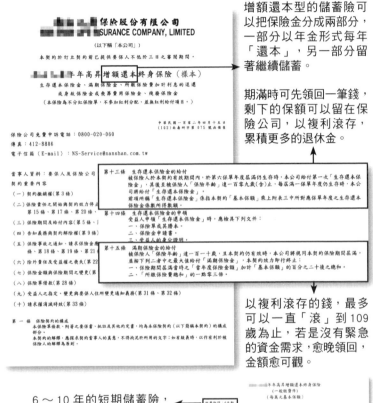

增額還本型的儲蓄險可以把保險金分成兩部分，一部分以年金形式每年「還本」，另一部分留著繼續儲蓄。

期滿時可先領回一筆錢，剩下的保額可以留在保險公司，以複利滾存，累積更多的退休金。

以複利滾存的錢，最多可以一直「滾」到109歲為止，若是沒有緊急的資金需求，愈晚領回，金額愈可觀。

6～10年的短期儲蓄險，適合即將要退休，或是收入已經非常穩定的上班族。

以相同的保額來看，愈早買儲蓄險，保費愈低、投資報酬率愈高。

特色 符合國人「愛存錢」的需求，是接受度最高的儲蓄險種類。
優點：可強迫儲蓄、繳費期滿不會太長即可領回、擁有額外的身故或全殘壽險保障。
缺點：利率只比定存高一點，若提早解約會有虧損。

Part 1

Part 2 補勞保不足，3招「保你存到」千萬退休金！

Part 3

Part 4

Part 5

Part 6

Part 7

圖表 11 ▶ 儲蓄險工具3：6～10年期外幣保單

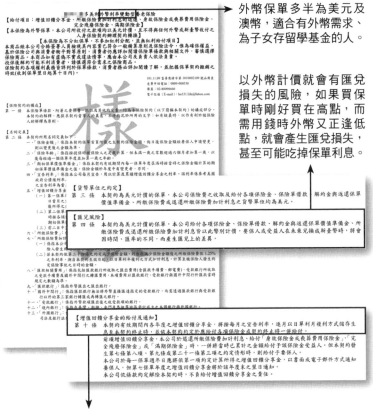

外幣保單多半為美元及澳幣，適合有外幣需求、為子女存留學基金的人。

以外幣計價就會有匯兌損失的風險，如果買保單時剛好買在高點，而需用錢時外幣又正逢低點，就會產生匯兌損失，甚至可能吃掉保單利息。

外幣保單可以選擇一次繳或分期繳保費，通常約定滿期後如 果沒有一次領回，保額可以繼續以複利滾存。

特色 保單價值以外幣計算，通常能用較高的存款計算利率。

優點：適合子女留學或在國外需要外幣、可能有較高的利息率。

缺點：匯率的變動可能大幅吃掉獲利。

圖表 12 儲蓄險工具4：年金保險

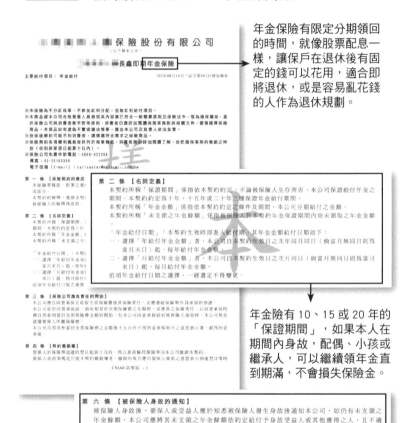

年金保險有限定分期領回的時間，就像股票配息一樣，讓保戶在退休後有固定的錢可以花用，適合即將退休，或是容易亂花錢的人作為退休規劃。

年金險有 10、15 或 20 年的「保證期間」，如果本人在期間內身故，配偶、小孩或繼承人，可以繼續領年金直到期滿，不會損失保險金。

萬一還沒領完年金保戶就過世了，保險公司還是會給付年金給家屬，直到給付年限終止，未領完的年金將計入遺產計算。

特色 原始設計就是在一定時間後開始領年金，適合退休規劃。
優點： 投保後，未來退休時將定時有穩定的收入，若時間夠長，複利的威力很驚人。
缺點： 若投資報酬率為負數，本金可能愈來愈少。

用壽險包裝成的儲蓄險，
讓人「活著也能領」

Part
1

Part
2 補勞保不足，3招「保你存到」千萬退休金！

Part
3

Part
4

Part
5

Part
6

Part
7

金融海嘯之後，所有銀行都處於低利環境，因此很多人一講到要存錢，就會把念頭轉到儲蓄險上，但弔詭的是，**其實在保險裡，根本就沒有「儲蓄險」這個險種，所謂的儲蓄險，多半是壽險和年金險的變型**。大部分的保險業務，不會解釋得那麼清楚，但如果仔細去看一下儲蓄險的保單，就會發現上面寫的都是「年金」或是「壽險」。

在保險法中所規定的保險公司業務範圍內，並沒有「存款」這一項，所以自然沒有所謂的「儲蓄險」。

但很多人在考慮保險內容時都會問：「我繳的保費能不能再全部領回來？」、「什麼時候可以領回？」為了滿足大眾對於保費要能再領回來才不會虧到的心態，才讓很多業務員或保險公司，將壽險包裝成儲蓄險。其實，儲蓄險就是「活著也能領」的壽險。

前文提到的王大發，他的叔叔及伯父，正好就是儲蓄險及壽險的真實對照。王叔叔10幾年前退休時，就買

了一份長年期的儲蓄險；同時期，王伯父則是買了一份單純的壽險，兩人所繳的保費也相去不遠。但沒想到，兩人雖然都在保單期限內過世，領回的錢卻是天差地遠。王伯母領到了500萬元的保險金；但王嬸嬸卻只領到105萬元的死亡保險金，而儲蓄險裡的「利息所得」，都在王叔叔過世的那一刻終止、不再支付了。

儲蓄險裡的保障功能，其實相當薄弱，就算業務員說得沒錯，的確是同時有「儲蓄和保險」的功用，但能否符合個人需求，還是得先檢視自己的身家狀況才行。

曾有調查指出，個人擁有的死亡保險金，至少要是年所得的7～10倍才足夠，所以如果是年薪約60萬元的一般上班族，保險金額就應該在420萬元至600萬元左右，若是只以儲蓄險負擔，是絕對不夠的。

❖ 終身壽險不是唯一選擇

擁有一對令人稱羨兒女的Amy，儘管工作、家庭兩頭燒，卻永遠像是有著用不完的活力。35歲的她，是個稱職的會計小主管，收入不低而且穩定，看著孩子一天天長大，為了保障家人和孩子未來的生活無慮，她最近開始考慮，每個月撥一點錢出來買份壽險。

身為會計，Amy對於錢的事情特別敏銳，雖然已經

約了保險業務來介紹壽險保單，但她不想在毫無概念的情況下，被業務「哄」得簽下保單，正好同部門裡有幾個同事有過投保壽險的經驗，於是她趕緊趁著午休吃飯時間，問問同事們有沒有什麼建議。

沒想到，話匣子才一打開，已經快50歲，且抱持獨身主義的會計經理Betty就搶著說，她最近正在跟業務重新檢視保單，意外發現，她的壽險在期滿後拿不回保險金，就連之前所繳的保費也不會再退回。

Betty這個問題讓Amy大感疑惑，難道壽險不是陸續繳個10年、20年的錢，然後等自己死後就可以留一筆錢給家人嗎？繳完錢、期滿後竟然拿不回保險金，那幹嘛還要保險？

臺灣人買保險都喜歡有「終身保障」，普遍對於壽險的概念只有「終身型壽險」，以為只要繳了20年的保費，就等著到死亡的那一天，讓家人領到一筆保險金。但**其實順應不同人的經濟能力、對於保險的期望不同，壽險也有很多種**，像是針對特別時期加重保障的「定期壽險」、幫忙支撐房貸或車貸壓力的「遞減型壽險」，及可以對抗通貨膨脹的「增額型壽險」。

很多想要買壽險的人，是因為有了小孩，背負的責任變得重大，擔心要是有個「萬一」先離開人世，留下來的家人少了經濟來源，會難以生活下去，便希望藉由保

Part 1

Part 2 補勞保不足，3招「保你存到」千萬退休金！

Part 3

Part 4

Part 5

Part 6

Part 7

險，給他們留下一些保障。

但此一人生階段的經濟壓力，也多半最沉重，硬要每個月撥出3、5千元來繳保費，對大多數人來說有困難。這時候就**不要只在意是否終身保障，反而應該選擇「定期壽險」**，先用較少的保費撐過經濟吃緊的時期，等到10年或20年後，家庭支出沒那麼多，薪水、收入也比較高時，再來投保保費較貴的終身壽險。

而像Betty這樣，事業收入已經達到一定水準，又沒有經濟重擔的人，其實就不一定要選擇定期保險，以她的年齡來看，或許盡快改為終身壽險，反而更為適合。

❖ 保險也能負擔房貸，幫你留住房子

Betty接著說，從自己投保壽險竟然領不回保險金的這件事，她才知道原來有些壽險不是「活得愈久、領得愈多」。這時出納組的Cathy出聲了：「對啊，像我的保險就是活得愈久、領得愈『少』，好像在叫我應該早點上天堂一樣！」

原來才20出頭的Cathy，進會計部門不到2年，薪水也是最基本的只有2萬6千元，她剛從學校畢業時，就有做保險業務的同學向她推銷，當時她以沒有工作收入的藉口拒絕了。但是在她考進公司不到3個月後，那位同學又

找上了她，而且推薦了一張保費相對低廉的保單給她。

可是繳了幾年後卻發現，保費的確是比較低沒錯，但保額也會愈來愈低，原來根本是一份**具「房貸壽險」功能的「遞減型壽險」**，保險金是在發生事故、沒有收入時，**幫忙繼續繳交房屋貸款**，以免房子被銀行收回。但Cathy沒有買房子，根本就不該買這種保險，Cathy其實才是真正該買定期壽險的人啊！

❖ 拿計算機按一按，真相才會出來

聽了同事的經驗後，Amy相信自己已經做足了功課，所以當業務推薦一份「保額會以複利增值」，保證「活得愈久、領得愈多」的保單時，她馬上就同意簽字投保，而且對於業務提出4%的複利利率，比銀行的定存利率還高，更是愈想愈滿意。

但是等她拿到保單，與老公仔細一算後發現，每年「滾動」的複利利率根本不到4%，而是須等到第20年，保單價值與所繳的保費相比，才有相當於達到4%的利息，因此真正的投資報酬率，跟她想像的差很大。

有些業務看準了大多數人都不喜歡算數學，也不愛看密密麻麻的數字報表，所以會「偷吃步」直接用期滿那一年的利息總額，換算成保險利率，再避重就輕地向保戶

Part 1

Part 2 補勞保不足，3招「保你存到」千萬退休金！

Part 3

Part 4

Part 5

Part 6

Part 7

說明。

但實際上的確是用複利計算，這一點沒有騙人，所以累積了10年或20年的「平均」利率，一定會比實際的利率更高，做為推銷話術也就更「漂亮」。但只要保戶勤勞一點，實際拿計算機按一按就知道，事實上每年到底是用幾%的利率在計算複利。

圖表 13 ▶ 遞減型壽險（房貸壽險）

遞減型壽險（房貸壽險）	平準型	保額「不會」隨著年限遞減，保費較貴。
	遞減型	保額「會」隨著年限遞減，保費較便宜。

適合除了**房貸**之外，沒有其他理財規劃的人。

依保額增減區分	依保障年限區分
增額型壽險 ● 保險金額會逐年增加。 ● 預估未來的通貨膨脹率，倍數增加保險金額，以符合未來的物價水準。	**終身壽險** ● 可以保到 110 歲，繳費期滿後保障終身，保戶過世即給付保險金。 ● 保費較定期壽險貴，相同年限及保額之下，保費可達定期型的 2～3 倍。
遞減型壽險 ● 保險金額會逐年減少。 ● 初期房貸壓力大，一旦身故，保險金可以填補房貸，避免家人繳不出房貸，沒房子可住。	**定期壽險** ● 只能保到 80 歲，保障期間只有 10～30 年。 ● 保費非常便宜。 ● 若保戶在繳費期間身故，即給付保險金，若繳費期滿後保戶仍活著，所繳保費不能領回。

以幫忙支撐房貸、車貸壓力為目的。

適合剛結婚、剛生小孩，或是沒有餘錢可以理財的家庭。

Part 1

Part 2 補勞保不足，3招「保你存到」千萬退休金！

Part 3

Part 4

Part 5

Part 6

Part 7

圖表 15 ▶ 看出儲蓄險保單的祕密

「減額繳清」是指以後都不用再繳保費，但保單仍然有效。

【欠繳保險費或未還款項的扣除】
第十九條 本公司給付各項保險金、解約金或返還保單價值準備金時，如要保人有欠繳保險費（包括經本公司墊繳的保險費）或保險單借款未還清者，本公司得先抵銷上述欠款及扣除其應付利息後給付其餘額。

【減少保險金額】
第二十條 要保人在本契約有效期間內，得申請減少保險金額，但是減額後的保險金額，不得低於本保險最低承保金額，其減少部分依第八條契約終止之約定處理。

【減額繳清保險】
第廿一條 要保人繳足保險費累積達有保單價值準備金時，要保人得以當時保單價值準備金扣除營業費用後的數額作為一次繳清的躉繳保險費，向本公司申請改同類保險的「減額繳清保險」，其保險金額請詳閱保單面頁之減額繳清保險金額表。要保人變更為「減額繳清保險」後，不必再繼續繳保險費，本契約繼續有效。其條件仍與原契約相同，但保險金額以減額繳清保險金額為準。
　　要保人選擇改為「減額繳清保險」當時，倘有保單紅利、保險單借款或欠繳、墊繳保險費的情形，本公司將以保單價值準備金加上本公司應支付的保單紅利扣除欠繳保險費或保險單借款本息或墊繳保險費本息及營業費用後的淨額辦理。
　　本條所稱「營業費用」，其金額為「保單面頁首頁所載本契約保險金額的百分之一」或「變更當時本契約保單價值準備金與解約金之差額」，取其較小者。
　　本契約變更為「減額繳清保險」後，本公司不接受保險金額變更，亦不適用第五條及第二十三條之規定。

若有積欠保費或貸款利息，保險公司會先扣除後，
再以剩下的保單價值計算，減額繳清後的保額。

【保險單借款】
第廿五條 要保人繳足保險費累積達有保單價值準備金時，要保人得在保單價值準備金範圍內向本公司申請保險單借款，借款到期時，應將本息償還本公司，未償還之借款本息，超過其保單價值準備金時，本契約效力即行停止。但本公司應於效力停止日之三十日前以書面通知要保人。

用保單向保險公司貸款也要付利息，如果積欠
的利息超過保單價值，保險就會失效，而保險
公司也會在失效的 30 天前，寄通知單給保戶。

買保險前要懂的那些事

- 「所得替代率」指退休後每個月可支配的金額，占退休前每月收入的比重，專家建議最少 70% 左右。

- 用儲蓄險做為退休規劃的優點是，儲蓄險兼具壽險保障的功能，且「不用身故就可以拿回來」，適合做為退休後的收入來源。

- 儲蓄險如果真的要解約，可以請保險公司先提供保單資料，看看現在的「保單價值準備金」有多少。

- 保險公司計算保費時的「預定利率」，還必須扣除附加費用，也就是保險公司在處理這份保險的成本。

- 「保單質借」是保戶用保單的價值向保險公司借錢，既然是借錢，當然就要付出利息。

Part
1

Part
2 補勞保不足，3 招「保你存到」千萬退休金！

Part
3

Part
4

Part
5

Part
6

Part
7

補健保不足，善
讓「理賠放大」

用 4 種險

10 倍！

【住院】
要知道！實支實付有上限

很多人以為「實支實付」型的保險，就如同字面上的解釋一樣：「實際支出多少，就可以有相等的給付」。**事實上，不管保險額度有多高，實支實付仍有申請上限金額。**以下用3個案例，為你說明實支實付型的特點，以及如何搭配險種，會讓保障更完善。

❖ 案例1：整復「手術」和整復「治療」差很大

26歲的阿彥從大學開始，常騎著打工賺來的機車兜風趴趴走，上班後依然以機車為主要代步工具。有天阿彥休假，在和同學相約去吃飯的路上不慎和計程車擦撞，車子受損不說，左小腿更是痛得好像骨折了一樣，阿彥趕緊到醫院就醫檢查，深怕沒治好會留下後遺症。

看了醫生後，醫生告訴他情況不嚴重，主要是腳踝關節脫臼，只要「喬回去」就好了，也就是所謂的關節脫

臼整復治療。經過治療後，踝關節脫臼狀況好轉，只需要在家休息兩天。

阿彥的媽媽告訴他，曾在幫他購買主約醫療險中，加買了骨折及整復手術附約。媽媽算一算，醫藥費以及在家休息不支薪的成本，都可以因為保險附約而有所補貼。就在媽媽拿著單據資料向保險公司申請理賠時，保險公司卻說因為阿彥只進行了關節脫臼整復，證明上沒有「手術」兩字，這部分是不給付的。媽媽生氣地向保險公司大罵：「保單上密密麻麻一堆字，誰能仔細讀完每一項，哪可能知道哪些有給付、哪些沒給付？」

阿彥是個經常騎車跑來跑去的年輕人，**如果能在主約醫療險之外，再加上意外傷害實支實付，當意外發生時，就能靠保險理賠來因應**。以他這麼年輕的條件，若加上實支實付附約，以上限3萬元計算的話，一年保費大約只要400～700元。

但也因為阿彥年紀尚輕，除非遇到車禍等意外，較少會發生骨折。而且就算車禍或跌傷，醫生也可能以徒手整復，保險公司不一定會理賠。因此，就要看阿彥自己，是否願意花費多買一些「意外」保障。

Part 1

Part 2

Part 3 補健保不足，善用4種險讓「理賠放大」十倍！

Part 4

Part 5

Part 6

Part 7

❖ 案例 2:「日額型」不給付自費醫療費用

　　50多歲的李太太,在某個下雨天因為急著出門買晚餐,一個沒踩穩不慎滾落樓梯。趕緊送醫檢查後發現,李太太的髖關節嚴重骨折必須開刀,且要置放固定鋼板幫助恢復。

　　醫師說明,骨折固定鋼板有分為自費與健保給付,以健保給付的材質來說,主要是不銹鋼鋼板,設計較不符合人體工學、也較硬,手術後恢復時間可能也比較久。而所謂的自費材質,目前使用最多的以鈦合金材質為主,較軟且較符合人體構造,復位效果較好、手術恢復也快。

　　雖然自費的鈦合金固定鋼板要花6～7萬元,所費不貲,但李太太的家人認為老人家骨質疏鬆的問題會愈來愈嚴重,希望李太太用好一點的材質。而且全家人一直都有保醫療險和意外險,應該可以支付這筆費用,不會產生太大的負擔。於是李太太選擇了以自費固定鋼板,進行骨折固定手術。

　　在住院的一週期間家人都要上班,只好請一位日薪2千元的看護來照顧,讓她可以好好休養。但還好住的是健保病房,可省掉一筆病房的花費。

　　李太太康復後,家人整理了所有的醫療藥品及自費單據,向保險公司申請理賠。但保險公司卻告知,依照其

Part 1

Part 2

Part 3 補健保不足，善用4種險讓「理賠放大」十倍！

Part 4

Part 5

Part 6

Part 7

圖表 16 ▶ 「日額型」和「實支實付型」如何分辨？

1. 從保單名稱分辨

備查文號：████ 商研字第 1000225009 號
備查日期：100 年 02 月 25 日
修正文號：依 102.01.10 金管保壽字第 10102103040 號函修正
修正日期：102 年 3 月 1 日

住院醫療日額健康保險

給付項目：住院醫療保險金、住院看護保險金、住院療養保險金、加護病房保險金或燒燙傷病房保險金、癌症
住院日額保險金、救護車緊急運送保險金

「本公司對本契約罹患疾病應負之保險責任，除癌症住院日額保險金為自本契約之生效日起持續有效九十日或
復效日起持續有效九十日以後開始外，其他各項保險金為自本契約之生效日起持續有效三十日以後開始。」
「本保險為不分紅保險單，不參加紅利分配，並無紅利給付項目。」

**████團體住院醫療保險
（實支實付型）**

（給付項目：每日病房費用保險金、每次住院醫療費用保險金、
每次手術費用保險金）

有些醫療險的保單，在名稱上就會
直接註明是「日額」或「實支實付
型」。

若保單名稱沒有寫明是日額或實支
實付型，則可以從保單條款判斷，
若是以「實際日數」來給付保險金，
就是日額型。

2. 從條款內容分辨

第八條【住院醫療保險金之給付】
被保險人因第四條之約定而住院診療時，本公司按保險金額乘以其實際住院日數（含入院及出院當日），給付
「住院醫療保險金」。
被保險人同一保單年度同一次住院最高給付日數以三百六十五日為限。

第 六 條：〔保險金的給付〕
被保險人於本契約有效期間內因第二條約定之疾病或傷害住院診療時，本
公司依下列各項約定給付保險金：
一、每日病房費用保險金：
被保險人以全民健康保險之保險對象身分住院診療時，本公司按被保
險人住院期間內（自住院之日起至出院之日止）所發生，且依全民健
康保險規定其保險對象應自行負擔及不屬全民健康保險給付範圍按日
支付實際發生之下列各項費用核付，每次住院最高給付日數以三百六
十五日為限。

若保單裡寫明，保險金是以「實際發生之各項費用」
來支付，就可確定這是實支實付型的醫療險。

保單內容，李太太醫療險只買了住院定額，因此只能給予住院日額費用，自費的鈦合金固定板、看護和其他自費費用將無法支付。

李太太這下可氣炸了！保險公司趕緊再解釋，因為其保單不屬於實支實付，只有住院的日額1,000元，所以7天總共只能給付7,000元。李太太心情頓時跌落谷底，原本想出國旅遊的錢都沒了。家人則安慰李太太，正好趁此機會，重新檢視一下全家購買的保險產品，讓保障更完整。

以李太太的狀況來說，因為年紀較大，確實一不小心摔傷，就容易產生骨折等問題。且李太太經濟狀況不錯，因此在一般醫療保險的日額住院給付外，可再加上實支實付附約跟意外傷害實支實付附約的部分。若真的發生意外，像是這次骨折以特殊材質鋼板，就能在額度內理賠。

另外，在日額給付的部分，也可以提高保障。例如目前李太太保的是日額1,000元，一般手術住院需要7天，李太太若提高為日額3,000元或5,000元，理賠部分就會較高。

總結這次住院的費用：使用鈦合金鋼板花了6萬多元；住院是健保病房；加上看護一天2,000元的花費，乘上7天是1萬4千元，至少花費了7萬4千元。

若當初有買實支實付的部分，就有上限3萬元的理賠可以申請；若再將日額住院部分提高為3,000元，住院7天就有2萬1千元的給付，總共至少有5萬1千元的金額可領，對照實際付出的費用，差距就會縮小。

❖ 案例3：保單的理賠額度都有上限

　　第三個例子是今年55歲的單身彭小姐，事業已小有成就是個高階主管。擔心現在癌症、文明病和意外那麼多，萬一將來生病沒有老伴、孩子照顧，就能靠保險請看護和支付其他費用。因此，她早就規劃好醫療全險，還規劃意外傷害實支實付附約，一旦發生意外時，所有單據都能申請理賠，讓她感到非常安心。

　　日前彭小姐和好友一同到山上散散心，結果午後山區開始下起雨來，彭小姐一個腳步沒踩穩，踩空滑落山谷，幸好在山壁上下滑一小段後，抓住一旁樹枝，總算是有驚無險。

　　等大家七手八腳把彭小姐救起來後，彭小姐才開始喊痛，尤其剛剛下滑時不斷掙扎的手腕。緊急送醫後，發現手腕部位骨折嚴重，因為在關節附近，醫師建議手術時最好使用鈦合金固定板，復原會比較快，但必須自費5萬元。

Part 1

Part 2

Part 3
補健保不足，善用4種險讓「理賠放大」十倍！

Part 4

Part 5

Part 6

Part 7

　　彭小姐以為有了實支實付的**醫療險**，花多少可以賠多少，所以就決定自費使用鈦合金鋼板。後來，醫師檢查出彭小姐有骨質疏鬆症，但是未達到健保給付標準，建議她可以自費施打治療骨質疏鬆的專用針劑，打一針要花費1萬5千元。彭小姐聽到醫師說，有骨質疏鬆問題又曾經骨折者，未來發生骨折的風險很高，所以也同意自費施打。

　　彭小姐康復出院後，謹慎地蒐集了所有的就醫單據，準備向保險公司申請費用。原以為實支實付就是花多少賠多少，沒想到所謂「實支實付」，其實有給付上限。彭小姐的上限是3萬元，等於超過的近4萬元，都要自己買單，讓彭小姐荷包大傷。

　　以彭小姐來說，屬於高階主管，再加上又是單身，建議可以考慮把實支實付的上限部分拉高，至少可以提高為30萬元。尤其，**未來健保自費項目會愈來愈多，所有較新、較好的醫療器材或藥品都必須自費**，如果想對自己好一點，也讓疾病恢復得更快，就可以用保險理賠部分來搭配。

　　保險部分雖然可以重新規劃，但還是要以自己可以或願意負擔的費用為考量，每個附約雖然通常一年費用不到1千元，但整體加起來就非常可觀。

　　市面上保險產品相當多，目前還有保險業推出所謂

的「意外險住院」項目。以彭小姐這次住院3天來說，如果購買所謂的意外險住院，除了醫療險可以給付3天的日額，每天1,000元，一共3,000元之外，意外險住院部分，最高給付20天。真正住院的3天，以1,000元給付；未住院的17天，則以半價給付，也就是17天乘上500元，可以多8,500元的給付。這次光是住院一共就可以拿到11萬1千5百元的費用，也可以讓彭小姐補貼吃保健食品等費用。

Part 1

Part 2

Part 3 補健保不足，善用4種險讓「理賠放大」十倍！

Part 4

Part 5

Part 6

Part 7

圖表 17　「實支實付型」給付限額怎麼看？

　　所謂的實支實付，仍然有申請的上限金額，要看當時所購買的上限是多少，且上限愈高，花費的保費也愈多。建議民眾在購買保險前，一定要了解自己買的保單保額，和實支實付的上限額度。才能知道當發生疾病或意外時，以自費支出的醫療費用，扣掉保險實支實付後，得自掏腰包的部分是多少？

理賠上限可以從給付限額表看出，以此表為例，「每日病房」費用的給付上限是 2,000 元，超出的金額以 2,000 元為上限做每日花費補貼。

每一投保單位各項保險金給付限額表

單位：新臺幣　元

保險金給付項目	給付限額
每日病房費用保險金	2,000
每次住院醫療費用保險金	10萬
每次手術費用保險金	4萬5千元

＊各保險公司理賠方式不盡相同，此表僅供參考。

Part
1

Part
2

Part
3
補健保不足，善用4種險讓「理賠放大」十倍！

Part
4

Part
5

Part
6

Part
7

第　六　條：〔保險金的給付〕

被保險人於本契約有效期間內因第二條約定之疾病或傷害住院診療時，本公司依下列各項約定給付保險金：

一、每日病房費用保險金：

被保險人以全民健康保險之保險對象身分住院診療時，本公司按被保險人住院期間內（自住院之日起至出院之日止）所發生，且依全民健康保險規定其保險對象應自行負擔及不屬全民健康保險給付範圍按日支付實際發生之下列各項費用核付，每次住院最高給付日數以三百六十五日為限。

（一）病房費。

（二）膳食費。

（三）特別護士以外之護理費。

（四）醫師診察費。

> 每一投保單位每日最高給付金額不得超過附表一所約定的「每日病房費用保險金」限額。

若實際發生之上述費用超過附表一所約定的「每日病房費用保險金」限額時，其中超過的每日醫師診察費及護理費之和其金額得併入「每次住院醫療費用保險金」中計算，且併入後之給付總額仍不得超過附表一所約定的「每次住院醫療費用保險金」限額。

二、每次住院醫療費用保險金：

被保險人以全民健康保險之保險對象身分住院診療時，本公司按被保險人住院期間內（自住院之日起至出院之日止）所發生，且依全民健康保險規定其保險對象應自行負擔及不屬全民健康保險給付範圍之實

實支實付型的醫療險，雖然是以醫療收據的金額實報實銷，但仍有理賠限制，不一定能夠支應全部的醫療費用。

圖表 18 ▶ 醫療險補健保住院的缺口

醫療項目		實際支出	日額型（投保 1 單位，住院 1 天給付 1,000 元）	實支實付型（給付上限 30,000 元）
住院 7 天	健保病房	0 元	1,000×7 = 7,000 元	0 元
	升等雙人病房	1,200×7 = 8,400 元		8,400 元
自費藥品及醫療器材		10,000 元		10,000 元
看護 7 天		2,000×7 = 14,000 元		14,000 元
總計		32,400 元	7,000 元	30,000 元（實際支出 32,400 元，超過給付上限，故總計給付 30,000 元）

＊看護費用須有大醫院所開立的醫院收據做為證明，方可申請領賠，建議先向保險司詢問相關理賠條件。

Part
1

Part
2

Part
3 補健保不足，善用4種險讓「理賠放大」十倍！

Part
4

Part
5

Part
6

Part
7

3-2

【癌症】
要知道！標靶藥物不給付

　　阿文在43歲那年，發現自己腰圍的「游泳圈」愈來愈明顯，開始使用健康轉盤減肥，卻意外「扭」破了體內高達13公分的肝臟腫瘤，因為右腹劇烈疼痛才知道，這日漸增加的游泳圈不是因為肥胖，而是已經罹患了肝癌，而且已經是肝癌第3期。

　　在接下來的兩年，阿文陸續進行了5次大大小小的手術，但癌細胞還是轉移到肺部，在無法繼續以手術切除治療的情況下，只能改用標靶治療藥物，進行口服式化療控制。

　　阿文抱怨：「醫藥費的負擔快要吃不消了！」原來口服標靶藥物因為沒有健保給付，吃一顆就要花1,600多元，一天得吃4顆，每個禮拜的藥費就高達4萬多元。可是為了不讓病情惡化，還是只能硬著頭皮吃下去。

　　雖然在生病前，阿文曾聽業務員的建議，保了3個單位的癌症險，還有日額2,000元的實支實付住院醫療

險，加起來住院的日額超過8,000元。原本以為保障已相當足夠，但現在才發現，罹癌的嚴重性遠遠超過自己想像……。

阿文表示，這些保險給付，對罹癌之後的手術和自費檢查項目，一開始確實在經濟上有很大幫助。但等到病情擴散至無法進行手術，開始改用口服標靶治療藥物後，保險公司居然一毛錢都不給付，還得經過強力爭取，才願意以實支實付住院醫療險中，門診醫療項目的10萬元限額，予以理賠。

❖ 標靶藥物成為未來治療癌症的主流

阿文說，自己買的癌症險雖然每天有2,400元的化療給付，但進一步細看保單條款中關於癌症化療的名詞解釋，才知道給付特別限定在「注射或血管」給藥的化療。因此，在病情加重至必須標靶治療時，反而無法從保險中得到應有保障。

事實上，**以標靶藥物治療癌症，已經成為未來的趨勢，可是多數標靶藥物並不在健保的給付範圍內**，必須由患者自費負擔。同時，癌症險保單都是定額給付，也無法像實支實付型醫療險一樣，申請到健保不給付的自費補助，負擔醫療支出。

馬偕醫院指出，化療是無論好壞細胞通殺，所以會產生嚴重副作用；反觀標靶治療藥物，不但治療效果更佳，也讓副作用變得更低，治癌計畫不再是夢想。而且標靶治療藥物的適用癌症項目，從乳癌、大腸癌、直腸癌、肺腺癌、腎癌等，都有不錯的療效。因此，一般認為未來癌症標靶治療，將逐漸取代傳統化療，成為抗癌的主流。

馬偕醫院強調，像是「基利克」、「艾瑞莎」、「蕾沙瓦」、「紓癌特」等，皆為天天在家自行服用的口服式標靶藥物，是近幾年癌症治療的新趨勢。但這些1年吃下來動輒上百萬元的標靶治療藥物，不一定能獲得健保給付。**比較穩當的規劃方式，是採用實支實付型住院醫療險的「雜費」項目，以及重大疾病險，來貼補支出。**

碰到相同情形的不只是阿文，現年47歲的Ellis，因為出現右側大腿、下背部疼痛等症狀，檢查後才發現是腎癌轉移至骨頭。病情原本惡化到需要坐輪椅，不過後來使用口服標靶藥物「紓癌特」後，先將腎臟腫瘤縮小再開刀切除，之後也持續靠口服治療控制了病情。

另外像是心肌梗塞使用的血管支架，雖然健保給付的支架價格僅4萬元，可是半年內血管再狹窄率有20%；而自費的塗藥血管支架，雖然要價7~12萬元，但半年內血管再狹窄率僅5%。因此，只要負擔得起的病患，多會選擇自費使用後者，以上都顯示健保的醫療項目確實有所

Part 1

Part 2

Part 3 補健保不足，善用4種險讓「理賠放大」十倍！

Part 4

Part 5

Part 6

Part 7

不足,必須靠醫療險補強。

因此,務必要看懂保單,才能知道若不幸罹癌時,能否獲得標靶藥物的理賠。

❖ 罹癌率高,但不能以防癌險取代醫療險

衛福部統計處2018年國人死因統計結果,癌症、心臟疾病和肺炎居十大死因前三名,而癌症更是連續37年排行首位,去年奪走4萬8千多條人命,佔所有死亡人數的28.2%,較前一年上升1.5%。

隨著醫療科技進步以及藥品日新月異,現在不少藥材、耗材,都不在健保給付的範圍內,這表示若想要擁有較好的醫療品質,民眾都必須自掏腰包。尤其是癌症病患,醫療費用約是一般病患的5.7倍,想要轉嫁相關風險,必須透過商業保險補足。

即便如此,不少保險公司還是認為,雖然癌症為十大死因的第一名,但是投保醫療險時,不建議只購買癌症險,畢竟癌症險只可提高癌症醫療保障,主要針對「癌症」治療,無法囊括其他各種疾病。因此如果預算有限時,應先把醫療險的保障買足,必備的醫療保障會較完整。

保險公司解釋,如果直接購買癌症險,目前市面上

Part
1

Part
2

Part
3
補健保不足，善用4種險讓「理賠放大」十倍！

Part
4

Part
5

Part
6

Part
7

圖表 19 ▶ 標靶藥物有沒有理賠，該怎麼看？

標靶藥物也是化療，在癌症險裡可以依照「癌症化學治療保險金」的條款獲得理賠，但對於藥劑的型式和數量，都另有規定，先弄清楚才能真正得到保險的幫助。

九、「癌症化學治療」，係指為治療癌症為目的，由腫瘤專科醫師或其他依法施行化學治療之合格醫療專業人員，以 口服或注射所進行的化學治療法。

保單裡的化療定義，多半會寫明是「口服」或「注射」，若有寫明其中一種，很可能有些標靶藥物就不理賠。

【癌症放射線或化學治療保險金的給付】

第十六條：被保險人符合本契約第八條之約定，並於本契約有效期間內，以治療癌症或因癌症所引起之併發症為直接原因，經醫師診斷必須接受放射線或化學治療者，每次治療本公司依「住院醫療日額」的一倍給付「癌症放射線或化學治療保險金」，被保險人於同一天內接受放射線及化學治療或接受一次以上之治療時，僅以一次計算。

前項給付得與第十一條及第十三條之給付合併請領。

被保險人接受治療 每次領取口服化療藥物，不論領取幾天份之藥物量，僅以一次計算。

癌症險保單對於化療藥物的理賠，是以到醫院回診拿藥的天數來算，不是以藥的數量來算，因此很難完全支撐價格昂貴的標靶藥物。（可考慮以拉高實支實付限額來補足高額醫療費用的問題）

商品，多是在保戶確定罹癌後，先給付一筆初次罹癌保險金，然後再依治療癌症的各項內容，例如住院、療養、手術、化療及放射線治療等實際醫療行為，額外給付定額保險金；另一種則是一次給付型的癌症險，罹患癌症立即給付一筆理賠金，契約也跟著終止。

反觀一般醫療險，可分為「日額型」及「實支實付型」，在保額均為3,000元的前提下，如果民眾住院10天，自費金額及健保部分負擔為16.4萬元，日額型醫療險可理賠3萬元（3,000元×10天＝3萬元），至於依醫療單據理賠的實支實付醫療險，則有機會可以全額給付。

實支實付與日額型醫療險，都會針對「住院」及「手術」給付保險金。兩者的住院保險金，都是以「住院天數」乘上「住院日額或計畫單位」計算；手術保險金則是「住院日額或每單位限額」乘上保單條款中註明的各種手術倍數，計算手術賠償的金額。

差別在於，日額型醫療險是以診斷證明書為給付依據，即使在住院期間沒有升等病房，或手術沒有部份負擔，還是可以獲得住院與手術保險金的理賠。

實支實付醫療險，則是以醫療收據申請理賠，也就是保戶實際支付的醫療費用，才能請領保險金。所以保單示範條款，在每日病房經常費用保險金的給付項目中，除了「升等住院之病房費差額」，還有「管灌飲食之外之膳

Part
1

Part
2

Part
3
補健保不足，善用4種險讓「理賠放大」十倍！

Part
4

Part
5

Part
6

Part
7

圖表 20 癌症險理賠方式有兩種

癌症險的理賠方式有兩種，要仔細看清楚保單理賠項目，才不會在後續醫療過程中，以為有得理賠，結果卻沒有而超出自己的負擔。

███████保險股份有限公司

（以下簡稱「本公司」）

████真誠守護防癌保險保險單條款　**樣本**

（本契約於訂立契約前已提供要保人不低於三日之審閱期間）

（低侵襲性癌症保險金、侵襲性癌症保險金、特定癌症保險金、所繳保險費總和之退還、身故保險金或喪葬費用保險金、完全殘廢保險金、滿期保險金）

（本險為不分紅保險單，不參加紅利分配，並無紅利給付項目）
（本險健康險部分之費率計算已考慮脫退率，故健康險部分無解約金）

理賠一次無後續

理賠項目裡只有各種類型的癌症及死亡、殘廢、滿期等保險金，表示這張癌症險在確定罹癌理賠之後，保單效力就會終止，讓保戶自行運用這筆保險金做醫療規劃。

███████保險股份有限公司

（以下簡稱「本公司」）

████新康健終身防癌健康保險(97)保險單條款　**樣本**

（本險無解約金）

（癌症身故、初次罹患癌症、初次罹患特定癌症、住院、住院手術、門診手術、出院療養、門診、放射線醫療、化學醫療、骨髓移植、義肢及義齒裝設、乳房重建手術、癌症身故保險金提前給付、豁免保險費等）

包含後續醫療過程

理賠項目裡包含住院、手術、門診、放療及化療等細項，表示這張保單，除了在確定罹癌時會理賠之外，後續的醫療過程，還有不同金額的給付。

食費」、「特別護士以外之護理費」等等。

❖ 投保「一次金保險」更能保障生活

另外，也可考慮「重大疾病險」、「特定傷病險」與「健保型重大傷病險」，此類商品最大的特色，就是保險金屬於一次給付，只要經診斷確定罹患重大疾病或特定傷病，且在保障範圍之內，即可支付，而癌症通常也有包括在內。保險公司解釋，特定傷病險與一般醫療險最大的不同處，在於**醫療險需視住院及手術等各項實際醫療行為，逐一申請理賠；特定傷病險的保險金則屬於「一次給付」**，只要經診斷確定為罹患保障範圍內的特定傷病項目，即可向保險公司申請理賠，且不需蒐集醫療收據。

而且因為一次給付理賠金的特性，不僅可作為罹病後的薪資損失補償，且不論是採用昂貴自費的新式療法，或是補貼短期間經濟收入中斷，都可透過這筆理賠金作補償。

隨著醫療技術進步，很多治療在門診就能進行，包括癌症病患，醫院常在完成切除手術後，就要求病患出院，改到門診治療即可。但醫療險、癌症險多是病患住院才理賠，使得往後的治療費用，反而造成病患負擔，此時重大疾病險或特定傷病險，都能夠輔助。

須特別留心的是，重大疾病險與健康險一樣，為預防保戶帶病投保，都設有「等待期」。也就是說投保後的特定時間內，即便發生契約載明的理賠項目，保險公司也不予理賠，須過了等待期，才開始理賠。現在的重大疾病險，等待期設計大多為30～90天不等，因此，投保時應選擇等待期愈短的愈有利。

目前國人最常見的十大癌症，雖然住院天數、總花費會因病情而異，沒有確切的統計數字，但是**一般來說，手術、化療、放射線治療，都有健保給付，病人需要自費、花最多錢的，反而是自費的部分**。而這些特殊用藥不一定每家防癌險都有理賠，因此，最好方法就是提高癌症住院的保險金。

所謂的癌症住院保險金，是指因癌症入院治療，可以領到的日額保險金，投保1單位最低的金額，為每日給付1,000元，投保單位愈高，日額給付才會倍增，可是保費也愈高。

❖ 防癌險住院日額理賠，最好達3千元以上

目前健保只給付3～6人病房的病房費用，但許多醫院幾乎都是一床難求，再加上癌症病人在治療過程抵抗力較差，要降低病房內感染的可能性，最好是選擇單人房或

Part 1
Part 2
Part 3 補健保不足，善用4種險讓「理賠放大」十倍！
Part 4
Part 5
Part 6
Part 7

雙人房。

以實際單人或雙人病房的費用計算，最少也要補繳1,500～3,000元的差額，因此保險業者普遍建議，防癌險住院日額理賠金，至少要達3,000元以上。且就算未來選擇不升等住健保病房，3,000元的理賠金也能拿來支付自費用藥、營養補充品等部份。

但如果想要更充分的保障，保險公司普遍不建議繼續提高防癌險的住院日理賠，而是建議搭配終身醫療險，以及實支實付醫療險，以免排擠癌症以外的住院醫療保障。像是購買終身醫療住院日額理賠金至少3,000元的保單，再加上住院日額理賠至少3,000元的防癌險，等於1天就有6,000元的補貼，住院30天就有18萬元，對於一般中度癌症患者來說，已經可以減輕不少負擔。

此外，在面對標靶治療、免疫性高蛋白等高貴自費用藥的醫療缺口，則可以用實支實付醫療險來彌補。住院實支實付醫療險給付方式，可分為住院日額，或是提供一定額度的雜項給付，病患可以選擇用雜項的方式申請理賠，來支付標靶治療等費用。

❖ 提高傳統醫療險的保額比較安全

以市面上住院日額3,000元的防癌險，和住院日額

3,000元的終身醫療險，加上當次住院，雜項給付20萬元的實支實付醫療險組合保險套餐來看，年繳保費至少6萬元起跳。保費雖然較重，不過這種組合已能兼顧癌症與癌症之外疾病，及住院的相關醫療開銷保障。

若是預算有限，也可以考慮，酌量減低保費最重的終身醫療險，譬如降低住院日額理賠金額，以有效壓低總保費開銷。目前一般的特定傷病險，以30歲男性保額100萬、繳費20年為例，每年保費約4萬，但預算有限或已有壽險保障的人，也可選擇只買附約，會比主約便宜，不過由於沒有壽險保障，因此沒有現金價值和身故保障。

保險公司認為，若真要買附約形式的特定傷病險或重大疾病險，通常要附加在終身壽險主約之下，且建議壽險保額必須與重疾保額，成一定比例。舉例來說，像是重疾保額20萬元，壽險保額10萬元，如果想省錢，就要找主約壽險保額比例低的比較好。

❖ 非癌症的重大疾病，可搭配醫療險附約提升保障

以目前市面上推出的保單來看，屬於保險主約的重大疾病險，多數都是屬於終身險的形式；而附約為主的重大疾病險，則明顯多為定期險。不過也有保險公司推出，

Part 1

Part 2

Part 3 補健保不足，善用4種險讓「理賠放大」十倍！

Part 4

Part 5

Part 6

Part 7

以重大疾病「定期險」主約的形式，各種商品都有其特點存在，可依個人需求來選擇。

年輕上班族如果預算較少，有手邊資金運用的考量時，建議先買年輕時購買保費會便宜很多的定期重大疾病險，但要記得在保單到期前進行續保，以免保障中斷。相反的，如果預算夠，退休金準備也已經無虞的消費者，考量到保障不中斷，會建議買保費一致的終身型保單。

Part
1

Part
2

Part
3 補健保不足，善用4種險讓「理賠放大」十倍！

Part
4

Part
5

Part
6

Part
7

圖表 21 ▶ 3大醫療險種比較

癌症險是絕大多數的人，選擇應付癌症醫藥費的方式，但卻常會忽略，最花錢的標靶藥物可能不在給付範圍之內，想要在罹癌後有更完善的保障，除了癌症險還有其他選擇。

想要罹癌時有更完善的保險照料，可以選擇實支實付型醫療險加上重大疾病險，在發現罹癌時先獲得重大疾病險的理賠，後續的醫療及藥物費用就以醫療險支應。

理賠項目	癌症險	實支實付型醫療險	重大疾病險
發現罹癌	✓		✓
手術	✓	✓	
住院	✓	✓	
化療及放療	✓	✓	
標靶藥物		✓	

癌症險雖然可以照料因癌症而產生的所有醫療費用，但卻無法完整支應標靶治療，對於病情較嚴重或經濟狀況不佳的病患，仍是一大費用缺口。

若是有投保實支實付型的醫療險，癌症險不給付的標靶藥物，就可以運用醫院收據申請理賠。

重大疾病險的理賠範圍裡，也有癌症這一項，只要確定得了癌症，就能拿到一筆保金，可以作為日後的療養規劃。

3-3

【生產】
要知道！非必要剖腹不理賠

　　36歲的蔡小姐，今年歡喜懷第二胎，距離第一胎大兒子出生已經3年多。她回憶起剛結婚時，與先生兩人開心約定，至少生兩個寶寶「恰恰好一對寶」，甚至希望能生一男一女，湊成一個「好」字，就是人人稱羨的美滿人生。

　　但是蔡小姐在懷孕時，最怕聽到有生產經驗的朋友或長輩，說「生產的痛比什麼都痛」，一想到就不禁心驚膽戰。因此，她早就與先生說好一定要剖腹產，避免經歷讓人無法忍受的疼痛。

　　決定了剖腹產，蔡小姐和先生也想到，健保不一定會給付，因此兩人在婚後就買了一份商業保險，心想剖腹、手術、住院等費用，至少有商業保險可以支付。夫妻倆認為這樣的規劃相當周全，應該沒有問題。

❖ 只有醫生認定的必要狀況，才有理賠

婚後蔡小姐順利懷孕，看著肚子的小寶寶愈來愈大，於是聯繫當初購買保險的業務，並提及如果剖腹生產，要提供哪些單據，方便申請剖腹產保險費用。

保險員問她：「什麼原因必須剖腹產？」、「醫師的建議是什麼？」蔡小姐開心地說，自己懷孕過程相當幸運，沒有胎位不正等問題，理論上應該自然產，只是她怕痛，想和醫生溝通以剖腹產方式生產。

沒想到保險業務員告知她，**若是自己選擇剖腹產，醫師並未診斷出有剖腹產的必要，這樣的剖腹產費用，保險公司將不會理賠**。蔡小姐一聽覺得很驚訝，如此一來，保費不就白繳了，當初認為剖腹產是「手術」，理所當然應在理賠範圍內。但既然保險無法給付自己選擇的剖腹產，那當初投保的理由就不存在了，於是中斷投保，最後以自然產下男寶寶。

有了前次的經驗，蔡小姐的第二胎懷孕過程一切順利，但想起第一胎生產的過程，她希望不要再經歷一次自然產的疼痛，因此，考慮採用無痛分娩或剖腹生產。但醫師告訴她**若是選擇無痛分娩，健保完全沒有給付，必須自費1～2萬元費用；自願選擇剖腹產的費用更高，需花費6～7萬元**。

Part 1
Part 2
Part 3 補健保不足，善用4種險讓「理賠放大」十倍！
Part 4
Part 5
Part 6
Part 7

　　此外，政府僅提供10次免費產檢，蔡小姐懷第二胎時已是36歲，高齡產婦必須做羊膜穿刺，健保僅給2千元，其他差額部分必須自掏腰包，大約6～8千元。還需另外篩檢胎兒是否有肌肉萎縮症，抽母血檢查也要花2500元左右。

　　蔡小姐還想到，新生兒出生後的疫苗問題。政府雖有補助部分疫苗，但聽說傳統的MMR三合一疫苗會有發燒等副作用，如果想讓寶寶注射新一代的MMR，一劑疫苗至少要1～2千元。林林總總加起來，光是希望生個健康寶寶，從產檢、生產到新生兒階段，就要花上一大筆錢，這麼多的費用，讓蔡小姐開始詢問，是否有適合的商業保險，對他們有所幫助？

　　商業保險雖然推出各種醫療險，並搭配不同的「保險套餐」，但目前市面上並沒有針對懷孕生產所規劃的保單，「生產」主要還是涵蓋在醫療險中的手術醫療險和住院醫療險。

　　因此，準媽媽可要研究清楚現有醫療保險的內容，一般醫療險所謂的手術、住院等理賠，通常都將「自然產」和「自行選擇剖腹」排除在外，如果是為了給付生產費用而購買醫療險，最後反而會一場空。

　　為何自行選擇剖腹不屬理賠範圍呢？一般商業保險

認為，生產是很自然的行為，與意外傷害或癌症疾病不同，因此只有醫師判定產婦有前置胎盤、胎位不正、產程時間過長等因素，而必須剖腹生產者，才能獲得住院、手術的醫療保險金。

若產婦擔心生產時因胎位不正等因素必須剖腹產，應該先檢視自己原有保單或新保單，所提供的手術、住院醫療保險金是否足夠，進而補足保額或規劃新的商業保險保單。

❖ 女性專屬保單可理賠剖腹產

目前市面上有推出不少醫療險保單，若以蔡小姐36歲的年紀來看，可以投保一般的手術、住院醫療險，一個月不到1,000元，就可擁有住院一天3,000元、手術1,500到9萬的理賠。剖腹產大約有12,000元的金額，屬於定額給付型的險種，若是因為胎位不正等因素剖腹，除了健保給付剖腹產費用外，還可以多領商業保險理賠的住院及手術費。

若以住院3天計算，加上手術給付可以領到超過2萬元，這些費用就可以作為產後的營養補品，或是幫寶寶挑選較好的疫苗等費用。

但要注意的是若非必要性剖腹產，保險將全部不給

Part 1
Part 2
Part 3 補健保不足，善用4種險讓「理賠放大」十倍！
Part 4
Part 5
Part 6
Part 7

付。因此，購買醫療保險前，在無法確定是否會採用剖腹產的狀況下，這類保單不能以一次生產為考量，應評估長遠的計畫。有的保險公司推出專屬女性的保單，例如儲蓄終身壽險性質的保單，以30多歲女性來說，每年約繳4萬多元，20年後可領回比保費多一些的滿期金，而保障卻是終身。

此外，寶寶出生可補助1萬元，這些金額就能作為寶寶的疫苗、補貼母親營養費，甚至生產住院選擇雙人病房等費用。而且要是寶寶出現重大疾病，也可一次領到25萬元左右。要注意的是，購買保單時若已懷孕，這一胎則不屬補助範圍，因此，女性朋友可以事先規劃。

這類儲蓄保單，對於產程順利因而領不到任何商業保險金的女性來說，能在滿期後領回，多少也有所補助，又能預防當產程出現重大問題時的醫療費用。即使保戶沒有生育，10年後也能先領到10萬元的婦女關懷保險金（生一胎者扣除1萬，以此類推）。不過任何一種保單，一定都要問清楚，到底是懷孕前可以買，還是懷孕後才能買？這攸關理賠與否，一定要事先確定。

Part
1

Part
2

Part
3 補健保不足，善用 4 種險讓「理賠放大」十倍！

Part
4

Part
5

Part
6

Part
7

圖表 22 ▶ 剖腹生產，保險到底賠不賠？

若是因為怕痛而自行選擇剖腹生產，不只健保不給付，在醫療險裡也是列入除外責任，不會理賠。

第十五條【除外責任】

被保險人因下列原因所致之疾病或傷害而住院診療者，本公司不負給付各項保險金的責任。

一、被保險人之故意行為（包括自殺及自殺未遂）。

二、被保險人之犯罪行為。

三、被保險人非法施用防制毒品相關法令所稱之毒品。

（三）醫療行為必要之剖腹產，並符合下列情況者：

　1.產程遲滯：已進行充足引產，但第一產程之潛伏期過長（經產婦超過14小時、初產婦超過20小時），

　　或第一產程之活動期子宮口超過2小時仍無進一步擴張，或第二產程超過2小時胎頭仍無下降。

　2.胎兒窘迫，係指下列情形之一者：

　　a.在子宮無收縮情況下，胎心音圖顯示每分鐘大於160次或少於100次且呈持續性者，或胎心心跳低

　　　於基礎心跳每分鐘30次且持續60秒以上者。

　　b.胎兒頭皮酸鹼度檢查PH值少於7.20者。

　3.胎頭骨盆不對稱係指下列情形之一者：

　　a.胎頭過大（胎兒頭圍37公分以上）。

　　b.胎兒超音波檢查顯示巨嬰（胎兒體重4000公克以上）。

　　c.骨盆變形、狹窄（骨盆內口10公分以下或中骨盆9.5公分以下）並經骨盆腔攝影確定者。

　　d.骨盆腔腫瘤（包括子宮下段之腫瘤，子宮頸之腫瘤及會引起產道壓迫阻塞之骨盆腔腫瘤）致影響

　　　生產者。

　4.胎位不正。

　5.多胞胎。

　6.子宮頸未全開而有臍帶脫落時。

　7.兩次（含）以上的死產（懷孕24週以上，胎兒體重560公克以上）。

　8.分娩相關疾病：

　　a.前置胎盤。

　　b.子癇前症及子癇症。

　　c.胎盤早期剝離。

　　d.早期破水超過24小時合併感染現象。

若是因為生產過程有危險性，像是胎位不正、多胞胎、胎盤早期剝離、破水超過 24 小時且有感染現象等等，經過醫生診斷必須剖腹，醫療險就會理賠。

產程過長、胎兒心跳過低或是胎兒過大都有衡量標準，必須超過保單規定數值，剖腹生產才能給付。

圖表 23 ▶ 剖腹產給付缺口，保險該怎麼補？

　　一般的商業保險認定，生產屬於自然行為，非癌症或其他疾病。因此，除非是醫師診斷，因胎位不正、骨盆腔狹窄、小孩太大、產程超過24小時、多胞胎等原因而剖腹，並且必須有醫師的診斷書，保險公司才會理賠。如果想要剖腹生產也獲得給付，可投保女性專屬保單。

女性專屬保單的生育保險金，沒有限定不理賠剖腹產，但必須是在購買保單後才懷孕，且要在購買後 10 年之內生產，才會給付，若是已經懷孕了才買保單，則不給付。

第二十二條【生育保險金的給付】
被保險婦女於本契約有效期間內始懷孕，且於第十保單年度屆滿前的有效期間內分娩者，本公司依分娩之嬰兒數每名按保險金額的百分之一給付「生育保險金」。
如分娩之胎兒為死產時，以妊娠達一百九十六日（含）以上者為限，比照前項規定給付本項保險金。
被保險婦女於第十保單年度屆滿時仍生存且契約仍有效者，如本項保險金之累積給付金額未達保險金額的百分之五時，本公司應給付其差額。

如果胎兒出生就死亡，必須是懷孕超過 28 週，若是墮胎則不會理賠。

Part
1

Part
2

Part
3
補健保不足，善用4種險讓「理賠放大」十倍！

Part
4

Part
5

Part
6

Part
7

3-4

【門診手術】
要知道！
門診手術≠住院手術

　　小楊是個標準上班族，每天吃飽飯就坐著，因為幾乎都外食，蔬菜水果的攝取不足，再加上工作繁忙，排便自然不順暢。所以才32歲就有痔瘡問題，他通常都吃坊間的成藥，以短暫緩解痔瘡腫痛。

　　小楊知道自己三餐不正常、運動量少得可憐，身體遲早會出問題，想趁年輕幫自己買份保險。尤其他聽說「保險愈年輕買，保費愈便宜」，萬一真的生病還能多少補貼，尤其是痔瘡這個老毛病，或許哪天真的到了要開刀的地步，能領到補助就划得來了。所以，小楊1年前買了定額型醫療險，心想只要開刀就一定有錢可拿。

　　終於，小楊的痔瘡又犯了，朋友介紹他到大醫院的大腸直腸外科看診，但小楊不想住院，最後選擇做「環狀切除固定術」。這項手術健保不給付，需要自費1萬八千元，但是只要局部麻醉，不用超過1小時就可以回家休息。術後，醫師除了開健保給付的止痛藥，也開給他自費

300多元，和能緩解疼痛的消炎止痛藥水。

小楊心想，自己的醫療險一定會理賠，所以特別留意保存了所有單據。因為是小手術，術後不需要住院，很快就能回家休養，但因為一開始上廁所不方便，小楊向公司請了兩天假，他以為手術部分的保險給付應該可拿到2萬元以上，夠補償所有費用。

沒想到小楊向保險公司申請費用時，保險公司告訴他，門診手術與手術住院不同，當初購買的是定額型醫療險，只要沒有住院就領不到住院費用。而且痔瘡手術分類很細，以小楊投保的方式來說，他在門診進行的手術，只能拿到3千元，除非是住院痔瘡手術，才能領到1萬兩千元。沒有拿到他以為會有的補助，加上請假休養被扣薪水的成本，小楊只能自己吞了。

❖ 哪種醫療險可以給付門診手術？

定額與實支實付到底哪一種好？以小楊這次經驗來說，可能附加實支實付比較划算，因為他投保的是定額型醫療險，不管花費多少，都給付一樣的金額，比較適合單純的感冒、發燒等自費項目較少的疾病。

而實支實付的保單選擇，是扣掉健保給付的手術、藥品等費用後，只要是有醫院收據及醫療證明，包括自費

藥品及醫療用品，都可以由保險公司來負擔。

　　不過，每次生病的狀況都不同，確實很難區分，哪種保單，以及到底哪一種理賠方式對民眾最划算？因此，在經濟許可範圍內，民眾可同時購買「定額型」醫療險，並附加「實支實付」理賠。

Part 1

Part 2

Part 3 補健保不足，善用 4 種險讓「理賠放大」十倍！

Part 4

Part 5

Part 6

Part 7

圖表 24 ▶ 門診手術費用，有沒有理賠看清楚

醫療險的名稱很多花樣，如「手術醫療」、「住院醫療」，
到底有沒有理賠門診手術？就要看清楚理賠說明。

▓▓▓ ▓▓▓▓ 醫療終身保險

(本保險為不分紅保單，不參加紅利分配，並無紅利給付項目)

（給付項目：住院醫療保險金、加護病房暨燒燙傷病房醫療保險金、住院當日急診保險金、緊急醫療轉送保險金、住院前後門診醫
療保險金、老年住院醫療增值保險金、出院療養保險金、幼童特定傷病保險金、住院手術醫療保險金、 門診手術醫療保險金 無
理賠紀錄增值保險金、祝壽保險金、所繳保險費的退還、身故保險金或喪葬費用保險金）

**▓▓▓▓▓▓▓▓ 終身醫療健康保險
保單條款**

（給付項目：住院醫療保險金、加護病房暨燒燙傷中心醫療保險金、住院療養補助保險金
、住院前後門診保險金、急診保險金、緊急醫療轉送保險金、住院手術費用保險金、重大
手術看護保險金、 門診手術費用保險金 、重大疾病或特定傷病保險金、理賠加值保險金）

這就是代表有理賠門診手術。◀

買保險前要懂的那些事

- 如果能在主約醫療險之外，再加上意外傷害實支實付，當意外發生時，就能靠保險理賠來因應。

- 未來健保自費項目會愈來愈多，所有較新、較好的醫療器材或藥品都必須自費，因此可考慮用商業保險理賠來搭配。

- 標靶藥物治療癌症，已經成為未來的趨勢，但多數標靶藥物並不在健保的給付範圍內，必須由患者自費負擔。

- 醫療險需視住院及手術等各項實際醫療行為，逐一申請理賠；特定傷病險的保險金則屬於「一次給付」。

- 若醫師並未診斷出有剖腹產的必要，這樣的剖腹產費用，保險公司將不會理賠。

Part 1

Part 2

Part 3 補健保不足，善用 4 種險讓「理賠放大」十倍！

Part 4

Part 5

Part 6

Part 7

Part
4

保單合約密密

該怎麼看才不

麻麻，
吃虧？

4-1

【醫療險】
「實支實付」和「日額型」，
哪個比較划算？

　　阿B去年從大學畢業後，找到一家科技公司的初級工程師工作，因為是部門裡職級最低的一個，所以必須跟著24小時不停機的工廠排班，隨時準備支援生產線作業。經常上個月是白天工作、晚上睡覺，這個月變成晚上工作、白天睡覺。

　　長期不穩定的作息，讓阿B身體狀況跟學生時期差很多，再加上許多新聞或保險廣告都說，「年紀愈輕買醫療險，保費愈便宜」。他心想，既然已經有了固定收入，那就來添購一份日額型的醫療險，萬一哪天真的操出病來，一天能領個2、3千元，也不無小補。

❖「實支實付」與「日額型」可互相搭配

　　一般人對於醫療險的認識，就是分為「實支實付型」及「日額型」兩種，而且普遍都會選擇「日額型」。

認為就算只是小病痛住院，也能領到一定金額的理賠金，等於是「生病住院還能賺錢」。

但其實仔細分析這兩種理賠方式，日額型不見得「比較賺」。因為除了病房費用及手術費用之外，其他藥品、醫療用品等等「住院醫療雜費」，保險公司都有明訂理賠細項，只要不在細項範圍內，日額型都不理賠。這時反而是實支實付型比較划得來，因為只要有醫院收據及醫療證明，幾乎所有的自費藥品及醫療用品，都可以讓保險公司來負擔。

日額型的理賠原意，在於補償因為住院而產生的無形成本，像是家人往返醫院的交通及時間、住院期間不能工作而損失的薪水、另外付錢請特別看護的費用等等，這些都是沒有醫院收據的支出。

❖「日額給付」理賠最不會有爭議？

阿B會選擇日額型的醫療險，除了以為日額型的理賠金會比實支實付型多之外，另一方面也是聽了業務跟他說：「日額型的理賠原則最簡單，住院幾天就賠幾天。」

雖然這個說法沒錯，但業務應該再提醒阿B，正因為日額給付的醫療險是根據住院天數來理賠，而天數又是依照醫生開立的「就醫診斷書」而訂，所以住院天數怎麼寫

Part 1
Part 2
Part 3
Part 4 保單合約密密麻麻，該怎麼看才不吃虧？
Part 5
Part 6
Part 7

就很關鍵。像下列兩種寫法都有可能，但理賠金額很可能就會相差一天：

- 5/3入院，5/8出院（從5/3住院到5/8，實際在醫院只待了5個晚上，但因確實寫出住院日期，所以會被認定為住院6天）。
- 共住院5天（直接寫明住院5天，保險公司自然只理賠5天）。

此外，醫療險的住院理賠其實不限於「真的住進病房」，如果醫生診療後要求病人必須再留院觀察，或是急診時因為等待檢查報告結果，而一直待在急診室裡，醫療險也會把這些情況也視為「住院」。但對於待在醫院的時間，一般都必須是超過6小時以上，保險公司才會理賠。

曾有這麼一則新聞報導，有位老先生，因為保險公司不認同他所提出的「洗腎住院天數」，不願意理賠，而告上法院。這位老先生每週需洗腎3次，因為年紀大了，在洗腎過程中很容易出血或是感到不適，必須多加護理，所以每次洗腎的時間都會超過6個小時。但保險公司卻認為，一般的洗腎流程多半都會在4小時之內結束，對於老先生提出的6小時有疑慮，而不願理賠。

雖然最後醫院證明，老先生的洗腎時間確實超過6小時，而判定保險公司敗訴，但從這個案例中也足以看出，

各家保險公司對於理賠時間，可是算得一清二楚的。

話說阿B買了醫療險之後，依然繼續作息不正常的排班日子，半年後的某一天，阿B正在生產線上處理產品問題，突然腹部劇痛，痛到倒在地上打滾，同事趕緊叫救護車把他送去急診。醫生診斷出阿B有膽結石，必須動手術把結石取出，不然這些結石會像不定時炸彈，隨時讓阿B痛到生不如死。

現在的膽結石手術都很先進，只要在肚皮上劃3個小洞，用內視鏡就可以完成，傷口小、術後痊癒也快。有醫療險做後盾，阿B很放心地升等個人病房且住了5天，然後一出院就立刻準備好醫療證明，打算跟業務「請款」。

阿B很順利申請到病房給付，但手術給付卻被保險公司退件了，理由是「內視鏡不算是手術，所以不能申請手術給付。」讓阿B心裡嘔到不行。

業務這才說出他「沒講清楚」的重點：有些保險公司對於「手術」的定義很傳統，認為一定要動刀、流血才叫手術。但現在手術科技往「不讓病人痛苦」的方向發展，已經有很多幾乎不會流血的技術，像是電腦刀、伽瑪刀以及阿B想要理賠的內視鏡手術，這些就會被保險公司以「未實際開刀手術治療」的理由，拒絕以手術項目理賠。

想要避免這種爭議，除了事先向業務問清楚承保細

Part 1
Part 2
Part 3
Part 4 保單合約密密麻麻，該怎麼看才不吃虧？
Part 5
Part 6
Part 7

節，還有一個關鍵，那就是「診斷證明書」的寫法。阿B的診斷證明書上只寫著「內視鏡切除膽囊」，無法認定他動過手術。但如果是寫「以內視鏡處理手術做膽囊切除」，**診斷證明書上有「手術」二字，保險公司便比較沒有立場拒絕理賠或刁難。**

❖ 微整型須自費，保險不予理賠

　　業務還開玩笑地多提醒阿B一句，如果他不喜歡肚子上的內視鏡手術疤痕，想要微整型一下也可以。但這種為了外型美觀而做的手術（多半稱為美容手術及整型外科）就不在理賠範圍裡，所以割雙眼皮、打玻尿酸、雷射等等，都不能申請理賠，而這些「除外責任」，在保單上都有詳細條列。

　　不過，如果是為了醫療而做的整型手術，大部分的保險公司仍會理賠，像是某女子團體中的成員，因為拍戲發生意外造成嚴重燒燙傷，之後的植皮手術就有「顏面傷殘整型費用給付」。這種因意外傷害造成外觀缺陷而做的整型手術，費用多半都很可觀，一般家庭難以負擔，保險公司的理賠多少可以減輕一些經濟壓力。

❖ 實支實付只理賠醫院有開收據的項目

跟阿B同年的表弟小P，看到阿B的身體常出狀況，再看看自己貨運司機的工作，經常半夜開長途車送貨，日夜顛倒讓健康狀況大不如前，好像也應該買份醫療險，免得真的病倒時，會湊不出醫藥費。

果真，在買了實支實付型醫療險後不到1年，小P因為開夜車習慣喝提神飲料，結果引發猛爆性肝炎，在醫院住了1個多月。小P有兩個年幼的孩子需要照顧，所以小P的老婆無法整天待在醫院守著他，在小P情況最嚴重的那兩個星期，只好另外找看護，24小時照料他。

看到小P身體那麼虛弱，雖然醫院已經有很完善的治療和照護，小P的老婆還是非常擔憂，她想到小P有醫療險的理賠，就買了不少保護肝臟的健康食品，希望可以幫他「補一補」。

小P出院後，馬上把這次生病住院的一大疊收據都整理好，給業務辦理賠手續。結果可以申請到理賠的，卻只有其中的病房及醫藥費用，真正花費最多的看護費和買健康食品的費用，卻一筆都不理賠。

仔細問清楚理賠規則，才知道看護及健康食品，都不在健保的自費項目內，跟治療猛爆性肝炎也沒有直接關係，自然也不算在醫療險的理賠範圍之內。如果小P希望

Part 1
Part 2
Part 3
Part 4 保單合約密密麻麻，該怎麼看才不吃虧？
Part 5
Part 6
Part 7

保險能夠負擔看護及營養品費用，就應該像阿B那樣，選擇日額型的醫療險，但是想用日額型涵蓋這些開支的話，保費就會非常高。

❖ 購買保單前要先告知病史

前陣子電視上經常廣告的老人壽險，都會強調「免體檢」。但仔細回想，自己在買保險時，是不是未曾聽業務提起過要做體檢？那是因為保險公司為了節省作業程序，有設定一些「免體檢」的標準，像是幾歲以下、多少保額以下就不用體檢，可以直接投保。

但在給保戶方便之餘，業務卻多半都不會再提醒保戶，**如果有先天性疾病，或是曾因為重大疾病看過醫生、有過病歷紀錄，就一定要先告知保險公司**，再依保險公司的規定，看需不需要再做體檢。

有很多人等到了要申請醫療理賠時，才被保險公司查出有過相關病史而拒絕受理。自己沒有在投保前先告知理虧在先，拿不到保險金，大多也只能摸摸鼻子認了。

但是大家也不用擔心有病史就無法投保醫療險，**保險公司只會把有病史的部分，列入除外責任，其他疾病的醫療費用仍然會承擔**。像是如果在投保前就有胃潰瘍，也只有胃部疾病的醫療費用會被排除，其他狀況仍然可以請

領保險金。而且只要在投保後的2年內，胃潰瘍都沒有復發，還是可以自行體檢，以診斷證明書要求保險公司更改胃部疾病的除外責任。

圖表 25 ▶ 怎麼用醫療險補住院缺口？

醫療險	實支實付型	
	• 保障項目分為：病房、手術、雜項 （非前兩項內容即屬雜項）	可用來承擔醫療費用
	• 依醫院收據金額全額理賠	
	• 需提供醫療證明及醫院收據	
	日額型	
	• 保障項目分為：病房、手術、住院醫療雜費（保險公司有明訂細項）	可用來填補無形成本
	• 每種保障項目有固定理賠額度，保障項目以外的不理賠	
	• 只需提供醫療證明	

Part 1
Part 2
Part 3
Part 4 保單合約密密麻麻，該怎麼看才不吃虧？
Part 5
Part 6
Part 7

圖表 26 醫療險保單怎麼看？

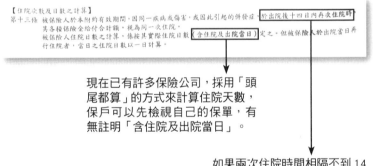

【名詞定義】
第 二 條 本附約所用之名詞，其定義如下：
一、「被保險人」：係指參加本附約之主契約被保險人及其配偶、子女，並以載明於本附約為限。
二、「配偶」：係指主契約被保險人戶籍登記之配偶。
三、「子女」：係指投保當時出生至未滿二十三歲之主契約被保險人戶籍登記之婚生子女、養子女或繼子女。
四、「疾病」：係指被保險人自本附約生效日起，持續有效三十日以後才開始發生之疾病。
五、「傷害」：係指被保險人於本附約有效期間內，遭受意外傷害事故，因而蒙受之傷害。
六、「意外傷害事故」：係指非由疾病引起之外來突發事故。
七、「醫院」：係指依照醫療法規定領有開業執照並設有病房收治病人之公、私立及財團法人醫院。
八、「住院」：係指被保險人經醫師診斷其疾病或傷害必須入住醫院，且正式辦理住院手續並確實在醫院接受診療者。

保險公司普遍認為，有病房才是「醫院」，其他都是「診所」，只有在醫院看診的費用才會理賠。

【住院次數及日數之計算】
第十三條 被保險人於本附約有效期間，因同一疾病或傷害，或因此引起的併發症，於出院後十四日內再次住院時，其各被保險金給付合計額，視為同一次住院。
被保險人住院日數之計算，係按其實際住院日數（含住院及出院當日）定之。但被保險人於出院當日再行住院者，當日之住院日數以一日計算。

現在已有許多保險公司，採用「頭尾都算」的方式來計算住院天數，保戶可以先檢視自己的保單，有無註明「含住院及出院當日」。

如果兩次住院時間相隔不到 14 天，醫療險只會理賠一次。

【防癌險】
癌症分等級，
不夠嚴重只賠一點點

Part 1

Part 2

Part 3

Part 4 保單合約密密麻麻，該怎麼看才不吃虧？

Part 5

Part 6

Part 7

目前市面上的防癌險，可分為「一次給付型」及「逐次給付型」兩大類，**一次給付型強調一旦確定罹癌，就直接領回一筆保險金**，不管是要使用自費新藥、民俗療法，還是想請看護、吃營養補充品，病患可以依照想要的醫療方式靈活運用；而逐次給付型顧名思義，則是訴求往後的化療、放療、在家休養期間的費用，都可以申請理賠，支持病患長期抗癌。

❖ 不是年紀大才會得癌症，有家族病史更要早點保險

45歲的張大明是貿易公司高階主管，平時工作壓力大，三不五時還要加班應酬，讓他的胃早已經「千瘡百孔」。張大明的父親與祖父都是因為胃癌過世，讓他很擔心自己的胃遲早也會出事，到時候妻子和才唸小學的兒子

無人照顧。於是，聯絡了曾是自己下屬，現在改行做保險業務的小胡，打算要買一份防癌險。

在小胡的推薦之下，張大明同時買了「一次給付型」及「逐次給付型」的防癌險，他想，既然有能力付得出保費，就兩種保險一次買齊，盡量給妻小多一點的保障。而且小胡也說，這樣的保險規劃，不僅是一得了癌症就有一筆錢可以先應急周轉，之後的每次治療和手術，都可以再拿到保險金，不用讓妻子日後一直為了醫藥費發愁。張大明覺得，這個決定真是做對了。

就在買了保險的 2 個月後，張大明參加公司的健康檢查，檢查結果出爐，張大明的胃沒事，卻發現罹患了大腸直腸癌第一期，他擔心的事果然發生了。

張大明立即動手術切除癌細胞，並請小胡到醫院幫忙辦理理賠手續。但小胡卻說，張大明這種情況，2 個月前買的防癌險保單不會理賠，而且整份保險都會直接解約，他會盡快把之前繳的保費退還，此舉讓躺在病床上的張大明傻眼。

這個問題得回溯到，小胡在推薦防癌險保單時，只說了罹癌後有哪些項目可以理賠，卻沒說到最關鍵的一點，就是每份防癌險都有「觀察期間」（或稱「等待期」），**如果保戶在投保後的 30～90 天之內（天數依保險公司而異）確定得了癌症，這份保單就會直接失效。**

像張大明這樣，家族已有癌症病史的人，最好盡早投保防癌險。曾有位從沒買過防癌險的網友，突然感覺到身體裡有硬塊，就想要先投保，等「撐」過觀察期之後再就醫，而被其他網友極力勸阻。癌症的病程無法預料，可別為了保險金，而拿自己的身體健康開玩笑。

另外還有一種狀況，是保戶已確定罹癌但保險公司不會全額理賠。就是**當癌症還處於「原位癌」（或稱第0期癌症）階段時，防癌險多半只會給付保額的15%。**而保險公司判斷是不是原位癌的依據，不是醫生開立的診斷證明書，而是病理組織的切片報告，或是血液學檢查報告。

還有一個特殊的例子，有位太太被檢查出子宮頸組織異常，於是做了病理切片，醫生告知她是得了「子宮頸原位癌」，診斷證明書上也是這麼寫。這位太太拿著診斷證明書及病理切片報告申請理賠，卻被保險公司拒絕，因為病理切片報告上寫的不是「原位癌」，而是「癌症前期病變」。

我們無法要求病理報告怎麼寫，但可以先向醫生詢問清楚，自己的病症屬於癌症的哪個階段，若確定只是「癌前病變」，就可以避免白花時間準備單據、申請理賠，結果卻拿不到保險金的情況。

Part 1
Part 2
Part 3
Part 4 保單合約密密麻麻，該怎麼看才不吃虧？
Part 5
Part 6
Part 7

❖ 一次給付與逐次給付並行最安心

至於張大明的姊姊，10年前就擔心家族的癌症病史先投保了防癌險，就在張大明確定得了大腸癌之後沒多少，張大姊也檢查出罹患胃癌，而切除了半個胃。

張大姊為了有效控制癌症病情、加強免疫力及保持體力，一方面聽從醫生建議，選用效果較好的標靶藥物，另一方面也吃中藥，舒緩西藥引起的不適。中西藥並行的效果的確不錯，但這些藥品尤其是標靶藥物，小小一顆就要價2～5千元，一個月的藥費將近20萬元。

但沒想到保險竟然只理賠「注射型」的化療藥物，張大姊選擇的「口服型」則不在理賠範圍之內，讓她頓時得承受龐大的經濟壓力。

隨著醫療科技的進步，目前有很多新式療法，在門診就可以直接處理。例如到醫院領口服型的標靶藥物後，回家自行服藥，根本不需住院。這時，逐次給付型防癌險裡的「住院給付」，就派不上用場。再加上口服型標靶藥物多半不理賠，逐次給付型已經愈來愈難發揮作用。

因此，若是經濟能力許可，建議盡量像張大明那樣，同時投保一次給付型及逐次給付型防癌險，讓一次給付型的保險金，補足許多保險公司認定不理賠的費用需求，但要特別留意「觀察期間」。

圖表 27 ▶ 防癌險的類型有兩種

逐次給付型
• 依確定罹癌、住院、手術、出院療養、放療化療等項目逐次給付，需提供醫療單據。 • 保費較低，繳費期滿後保障終身。

→ 可以先選這一種

一次給付型
• 確認罹癌就直接給付一筆保險金，不需提出醫療收據，給付後保單效力即終止。 • 保費較高，是定期保險。

→ 經濟充裕再補強

防癌險

Part 1
Part 2
Part 3
Part 4 保單合約密密麻麻，該怎麼看才不吃虧？
Part 5
Part 6
Part 7

圖表 28 ▶ **防癌險保單怎麼看？**

是否罹患癌症，是以「病理組織切片」或「血液學檢查」的報告為準，不是以醫生的診斷證明書為準。

化學治療的定義裡，若是寫「以血管注射進行的化學治療法」，就是指不給付「口服」的標靶藥物。

如果檢查出來是第 0 期的癌症，又稱為
「原位癌」，就只理賠 15% 的保險金。

Part
1

Part
2

Part
3

Part
4 保單合約密密麻麻，該怎麼看才不吃虧？

Part
5

Part
6

Part
7

【觀察期間屆滿前罹患癌症之處理】
第 四 條　本附約之被保險人於觀察期間屆滿前已為病理組織切片或血液學檢查，且該檢查嗣後診斷確定該被保
　　　　　險人患有癌症疾病者，本附約對該被保險人自始不生效力，本公司應無息返還依本附約計算且已收受
　　　　　之該被保險人之保險費且不負給付各項保險金之責。
　　　　　本附約之被保險人申請復效或增加投保單位數時，其「罹患癌症」觀察期間依下列規定予以計算：
　　　　　（一）、本附約經復效申請通過，自復效日起。
　　　　　（二）、本附約之承保單位數經申請增加且經本公司同意後，該增加之承保單位之生效日起。

【第二期以後保險費的交付、寬限期間及本附約效力的停止】
第 五 條　分期繳納的第二期以後保險費，應照本附約所載交付方法及日期，向本公司所在地或指定地點交付，
　　　　　或由本公司派員前往收取，並交付本公司開發之憑證。第二期以後保險費到期未交付時，年繳或
　　　　　半年繳者，自續告到達翌日起三十日內為寬限期間；月繳或季繳者，則自保險單所載交付日期之翌日
　　　　　起三十日為寬限期間。
　　　　　約定以金融機構轉帳或其他方式交付第二期以後的保險費者，本公司於知悉未能依此項的定受領
　　　　　保險費時，應儘告要保人交付保險費，其寬限期間悉照前項的定處理。
　　　　　逾寬限期間仍未交付者，本附約自寬限期間終了翌日起停止效力。如在寬限期間內發生保險事故時，
　　　　　本公司仍負保險責任。
　　　　　本附約停效期間內，除另有約定外，主契約之效力同停止時，本附約之效力亦隨同停止，且不再適用第一～
　　　　　三項之規定。若本附約尚有已繳付未到期之保險費，本公司亦將返還予要保人。

【本附約效力的恢復】
第 六 條　本附約停止效力後，要保人得在停效日起二年內，申請復效。但主契約效力停止時，要保人不得單獨
　　　　　申請恢復本附約的效力。
　　　　　前項復效申請，經本公司同意並經要保人清償欠繳保險費扣除停效期間的危險保險費後之餘額，自翌
　　　　　日上午零時起恢復效力。
　　　　　本附約停效期間屆滿時，本附約之效力即行終止。

【保險範圍】
第 七 條　被保險人於觀察期間屆滿後的本附約有效期間內經切片或血液學檢查確定罹患癌症並因而住院治
　　　　　療、接受外科手術治療、門診醫療、放射線治療、化學治療或於本附約的定之周年日時仍生存者，
　　　　　本公司依本附約定負給付各項保險金之責。

【罹患癌症保險金的給付】
第 八 條　被保險人於觀察期間屆滿後的本附約有效期間，始經切片或血液學檢查診斷確定罹患癌症者，本公
　　　　　司依附表一所載罹患癌症保險金之保單年度數之「每承保單位數給付金額」乘以該被保險人當時實際
　　　　　承保有效之單位數計算所得之金額給付「罹患癌症保險金」。
　　　　　被保險人所罹患者為第一期前期線癌症或原位癌時，本公司僅採附表一所載「每承保單位數給付金額」
　　　　　的百分之十五乘以該被保險人當時實際承保有效之單位數所得之金額給付「罹患癌症保險金」但同一
　　　　　被保險人嗣後再行罹患癌症疾病之，本公司依本條規定僅就剩退計算所得金額且扣除已申領「罹患癌症
　　　　　保險金」數額後之剩餘金額範圍內給付之責。
　　　　　本公司對每一被保險人所負「罹患癌症保險金」之給付責任，累計最高以附表一所載「每承保單位數
　　　　　給付金額」乘以該被保險人當時實際承保有效之單位數計算所得之金額為最高上限。

【癌症住院醫療保險金的給付】
第 九 條　被保險人於觀察期間屆滿後的本附約有效期間內，始經切片或血液學檢查診斷確定罹患癌症，並因而
　　　　　以治療癌症或直接因癌症所引起之併發症為目的而經醫師診斷必須住入醫院接受治療者，本公司依附
　　　　　表一所載癌症住院醫療保險金之每日之「每承保單位數給付金額」乘以該被保險人當時實際承保有效
　　　　　之單位數為癌症住院醫療日額，以該日額乘以該被保險人該次之實際住院日數計算所得之金額給付「癌
　　　　　症住院醫療保險金」。

【癌症出院療養保險金的給付】
第 十 條　被保險人符合第九條規定經住院醫療者，本公司於該被保險人出院後依附表一所載癌症出院療養保險
　　　　　金之每日之「每承保單位數給付金額」乘以該被保險人當時實際承保有效之單位數為癌症出院療養日
　　　　　額，以該日額乘以該被保險人之該次實際住院日數計算所得之金額給付「癌症出院療養保險金」。

【癌症外科手術醫療保險金的給付】

如果是在等待期（或稱觀察期間）之內確定罹患癌症，只
會無息退還已繳保費，不會理賠保險金，保單也同時解約。

4-3

【意外險】
先「意外」還是先「疾病」？
診斷證明書很重要！

　　剛退伍的阿國，很幸運地，在學長介紹下找到一份業務工作。24歲的他，為了生活努力打拚，天天騎著車，到處拜訪客戶。

　　有一天上班途中，阿國親眼目睹了一場突如其來的車禍，被撞倒在地的機車騎士，抱著腿不停哀嚎，讓他突然警覺意外無所不在。他每天騎車穿梭在大街小巷，更是高危險群，萬一發生什麼意外，不僅受傷得吃苦頭，無法工作更會影響收入！於是，阿國決定請女友詢問正在做保險業務的高中死黨，請他幫忙規劃人生第一份保險——意外險。

❖ 意外險種類不只一種，應視個人需要購買

　　很多人像阿國一樣，人生的第一份保險就是意外險，除了為突發的災禍做好準備，意外險的保費通常只要

1千多元，也是大家不排斥投保的主因。但這種「便宜」的意外險保障只有一年，在這一年裡如果沒有出事理賠，一年期滿後，保費不會再退回給保戶。這一點，可不符合臺灣人的用錢觀念，就像是把錢丟進水裡，噗通一聲就沒了，所以，業界又推出了完全不同的「終身還本型意外險」。

意外險對於「意外」的定義，除了吃東西噎到、走在路上被車撞到、因為路面不平而跌倒等等日常生活會發生的意外狀況之外，也有針對一些特定的意外事件，加倍理賠身故保險金。前幾年在菲律賓長灘島及越南下龍灣發生的船難，就屬於特定意外事件，如果罹難者有投保意外險，除了原本的意外身故保險金之外，保險公司會再額外增加一筆「特定意外身故」的保險金理賠。

Part 1
Part 2
Part 3
Part 4 保單合約密密麻麻，該怎麼看才不吃虧？
Part 5
Part 6
Part 7

圖表 29 ▶ 意外險類型有兩種

意外險	一般定期意外險	適合經濟能力有限者及社會新鮮人
	● 保障只有 1 年，可以續保到 80 歲。 ● 保費非常便宜，多半只需 1 ～ 2 千元。	
	逐次給付型	適合經濟充裕或經常出國的人
	● 保障終身，繳費期滿後可領回所繳保費。 ● 保費約是定期意外險的 10 ～ 20 倍。	

❖ 意外險並非所有「意外」受傷都能理賠

有了意外險做為後盾,阿國工作起來更加拚命,有天他因為塞車差點錯過拜訪客戶的時間,好不容易趕到客戶的公司樓下,偏偏又遇上電梯客滿,一分鐘都不能再耽擱,於是他決定爬樓梯。

一心只想趕緊上樓的他,沒想到突然右腳踩空,摔了一跤。勉強起身後,阿國還是先跛著腳跟客戶提案,等回到公司才發現,腳踝已經腫得像「麵龜」了!

當晚他就拖著「跛腳」,到公司附近的教學醫院掛急診,看診結束後還不忘請醫生開立診斷證明書,準備要跟保險公司申請理賠。但是業務一看到他的診斷證明書,卻跟他說不能理賠,讓阿國一頭霧水,難道爬樓梯扭到腳不算是「意外」嗎?

原來,**保險公司定義的「意外」,是指「非疾病、突發及外來」所引起,其中的非疾病及突發很容易分辨,但怎麼樣算是「外來」就經常有爭議**。像阿國這種「扭傷」腳踝的狀況,因為沒有明顯的外傷,很難判定是不是外力所造成的,保險公司很可能就不理賠。

但假如阿國在樓梯摔倒後,又撞上了欄杆有擦傷或撕裂傷,很明顯就是外力造成的傷害,那就毫無疑問一定會理賠。

在弄清楚什麼才算是「意外」之後,還有一個很容

易被忽略的重點，**單純的「意外險」只有在身故或是造成傷殘時才會理賠**，若是想讓保險幫忙負擔就醫費用，就不能只保「意外險」，而必須保「意外醫療險」。

某位偶像團體的成員透露，早年因為練舞而經常受傷，最後甚至造成椎間盤突出，必須長期物理治療。當時的唱片公司只有幫團員們保意外險，隨著受傷而來的醫療費用，並不在理賠範圍之內，不管是物理治療，還是他後來採用的民俗療法，都只能自己負擔費用。讓他深刻體會，只有「意外險」是不夠的，必須有「意外醫療險」的保障，才夠完整。

❖ 不同性質的工作，意外險保費不同

經過扭傷事件後，阿國更加小心自己的「人身安全」，還要求在海邊當救生員的女友，也要投保意外險，但業務卻沒對阿國的女友做詳細說明，就直接把保單給她簽名。

有一天，阿國和女友兩人結算每個月的開銷，看是否有多餘的錢可以存下來做為結婚基金，算到保險費這一項支出時，兩人一對照發現，女友的意外險保費硬是比阿國多了1千多元。阿國直覺女友一定是買錯保險，於是立刻打電話跟業務問個明白。

原來阿國的業務工作屬於一般外勤，保險業界定的

Part 1
Part 2
Part 3
Part 4 保單合約密密麻麻，該怎麼看才不吃虧？
Part 5
Part 6
Part 7

職業類別是「第二級」；而女友的海水浴場救生員工作，是危險性相對高出很多的「第四級」，所以保費也就比較高。如果女友想要節省保費而隱瞞真正職業，一旦被發現，保險公司很可能會直接拒絕她的任何理賠申請。

❖ 「疾病」造成的意外不理賠

又因為業務沒把話講清楚，而吃了一記悶虧的阿國，對於女友必須多繳1千多元的保費耿耿於懷，反而是女友安慰他，她的工作出事機率的確比較高，多一些保障總是比較好。只要別像隔壁王伯伯，半年前因為沒有看見馬路上的坑洞，不小心一腳踩進去摔倒，過度驚嚇引發中風昏迷，現在雖然醒過來了，卻半身癱瘓無法行動，生活起居全靠快 70 歲的王伯母照料。

許多人都會認為，這個案例中的王伯伯，明明是因為意外摔倒才中風，但保險公司竟然認定導致半身癱瘓的原因是中風，屬於「疾病」，所以「意外險」不理賠。

像王伯伯這種「先意外還是先疾病」的爭議層出不窮。也曾有新聞報導，一個中年人在小吃店吃飯時被食物噎到，本以為吐出來就沒事了，沒想到不到幾分鐘，就突然滿臉通紅的昏倒在地，送到醫院急救已經來不及了。

家人向保險公司申請理賠時，保險公司以醫院提出

的死因是「腦幹中樞出血」，不是「意外傷害事故」而拒絕理賠。若不是家人再向醫院調閱病歷，查證出這位中年人，的確是因為噎到而窒息，導致血壓升高進而腦幹中樞出血，才讓保險公司甘願付出保險金。

Part
1

Part
2

Part
3

Part
4 保單合約密密麻麻，該怎麼看才不吃虧？

Part
5

Part
6

Part
7

圖表 30 ▶ 診斷證明書怎麼寫？

意外險的爭議，多半來自於保戶與保險公司的認定不同，而認定的最主要依據，就是醫生開出的診斷證明書。掌握下列幾項寫法要點，就能縮小認定的模糊地帶，省去保險公司再向醫院調閱資料、求證的時間，更快拿到理賠 。

1. 病名最好不要寫「○○症」或「○○病 」，一旦有「病症」的字樣，保險公司就會認定是疾病，非意外，而不理賠。
2. 雖然是因為身體不適而就醫，但如果是因為意引發不適，就要一併寫清楚意外狀況，確立事件的因果關係 。

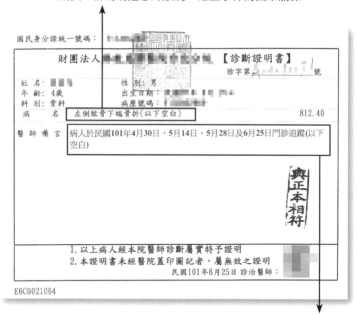

1. 如果有開刀、動手術，醫囑上盡量寫出「手術」字樣，才能獲得手術理賠。
2. 住院天數盡量寫明「入院日及出院日」，不要只寫「住 X 天」，否則會少了出院當日那天的理賠金。

【重大傷病險】
健保大多不給付，
保障範圍擴大較安全

Part
1

Part
2

Part
3

Part
4 保單合約密密麻麻，該怎麼看才不吃虧？

Part
5

Part
6

Part
7

　　恩雅是家中的獨生女，近幾年，身邊的朋友有人拚勁十足、有人成就顯赫，但也常常聽到朋友說：「某某才30出頭，又去醫院報到了」、「誰誰誰健檢數據不對，檢查後發現自己罹癌⋯⋯。」這些資訊讓她不得不警惕起來，所以出社會後就找了保險員規劃醫療險。

　　她工作在外時，經常外食，食安問題鬧得沸沸揚揚，根本不知道自己吃下了多少有毒物質。加上父母也快到退休年紀，不管退休金有多少，過幾年家中唯一還有收入的，也只剩自己。如果自己有個萬一，手邊存款不多，總不能拿父母的退休金來用吧！

　　她想起保險員之前跟她提過的「重大傷害險」，說是2014年起，金管會同意壽險業推重大疾病險，可比照全民健保的重大傷病標準給付，讓她考慮幫自己做更好的規劃。

❖ 新型態重大傷病險，秀「卡」就賠

　　臺灣重大傷病的罹患率與醫療費用，已逐年增加。根據健保署統計，截至2019年8月，重大傷病有效領證數為94萬多人，國人平均每25人就有1人領有「重大傷病卡」，且平均每月新增人數高達1萬三千多人。

　　以上數據使數家保險公司，開始推廣新型重大傷病險。目前列入衛福部公告的「全民健康保險重大傷病範圍」高達30項，扣除先天性疾病、職業病，仍有多達22項的傷病項目。未來只要取得健保重大傷病證明，就可以跟保險公司申請理賠，相較以往只理賠最常見的7種狀況，如此的保障著實更完整（重大傷病範圍可參考衛福部的重大傷病專區）。

❖ 一次給付保險金，使用彈性高

　　很多人不太瞭解重大疾病險，其實它跟一般的醫療、意外不同，**只要符合保單上書寫的重大疾病定義，就可以請領重大疾病險的保險金。**

　　通常這樣的險種是指，被保險人在保險有效期間內，若罹患條款所定義的「重大疾病」，保險公司將按契約一次給付整筆的保險金，給付後契約隨之終止，將來也

無法再續保，不管哪一家保險公司都是。

但是，重大疾病險種的好處在於，因為是一整筆的保險金理賠，不需要像住院醫療，單筆逐一審核，還有許多理賠限制。如果真的罹患重大疾病，大多數的人無法馬上恢復工作，而且隨著醫療進步，有更多的新藥、標靶藥物出現，癌症險理賠也無法全面顧及，更不用說還有延伸的病發狀況。

因此，重大疾病保險金使用彈性較高，雖然理賠後再也不能承保，但是這一整筆的金額，除了補貼醫療費用，更可以拿來當做其他運用。

❖ 重大疾病險的建議買法

過去的重大疾病險，大多是附約形式，因此保費要視主約本體而定。此外，終身與定期的費用，差別也很大。不過隨著市場需求增加，再加上新型的理賠方式，**越來越多的保險公司，單獨推出重大疾病險的保單，建議可以依照自己的經濟預算和需求規劃。**

大多數上班族，在預算不高的狀況下，建議可以先保定期險，每年續約；如果是快邁入退休的家庭，則可以考慮終身型，保障相對也比較完整。

有一點要特別注意：傳統重大傷病險可從0歲起投

Part 1
Part 2
Part 3
Part 4 保單合約密密麻麻，該怎麼看才不吃虧？
Part 5
Part 6
Part 7

保，而新型態的重大傷病險，最低投保年齡為15歲，而且排除「先天性疾病」和「職業病」。例如，先天性凝血因子異常、先天性免疫不全症，及早產兒所引起之神經、肌肉、骨骼、心臟、肺臟等併發症，都是除外保障項目。

買保險前要懂的那些事

- 日額型理賠，在於補償因為住院而產生的無形成本，例如家人往返醫院的交通費、另外付錢請特別看護的費用等等。

- 如果有先天性疾病，或是曾因為重大疾病看過醫生、有過病歷紀錄，就一定要先告知保險公司。

- 如果防癌險保戶在投保後的 30 至 90 天之內（天數依保險公司而異）確定罹癌，這份保單就會直接失效。

- 保險公司定義的「意外」，是「非疾病、突發及外來」，「外來」這項經常有爭議。

- 只要符合保單上書寫的重大疾病定義，就可以請領重大疾病險的保險金。

Part 1

Part 2

Part 3

Part 4 保單合約密密麻麻，該怎麼看才不吃虧？

Part 5

Part 6

Part 7

Part 5

如何避免繳不領不到的窘境

起、

？

5-1

用「雙十原則」計算保費

　　為了保障4個孩子能夠平順的長大，因為車禍過世的公司外務人員宗翰，早在幾年前就為自己買了上千萬的保險。但是宗翰的喪禮過了1個多月，他的妻子都還不敢跟保險公司領回這筆保險金。因為，宗翰的哥哥姊姊一聽到有1,000多萬元的保險金，紛紛跑來出言恐嚇，如果不讓他們也分一杯羹，就要小心4個孩子的安危。

　　雖然這只是前幾年的一則社會新聞，但很多人都跟宗翰一樣，以為留下愈多的保險金，身後就能給家人愈完善的保障，但巨額的意外之財，卻經常是更大爭端的開始。而且，再多錢也有用完的一天。宗翰的妻子便計算過，這1,000萬元的保險金，只足夠供應4個孩子唸到大學，現在還是租房子住的一家人，未來還是得擔心害怕。

　　加拿大的億萬富翁西摩‧舒利克（Seymour Schulich），曾在他的書中提到，想要生活有保障的方式是先有間自己的房子，至於保險，只要在發生意外時，有

Part
1

Part
2

Part
3

Part
4

Part
5
如何避免繳不起、領不到的窘境？

Part
6

Part
7

足夠的錢讓家人生活下去就夠了。

但很多人還是存在著「保險愈多愈好」的想法，加上業務在推銷時總是說，「一天只要100元」、「一個月省下3,000元就好了」……就這樣，這份保險省3000元、那份保險省2,000元，結果把手上可以隨時運用的錢，全都「省」給保險公司了，等到哪天突然需要用錢時才發現，除了把保險解約別無他法。

❖ 雙十原則簡單算出保費、保額

保險不是買愈多愈好，就算是想透過保險方式來存錢，也必須同時衡量收入與支出，最簡單的方式就是用「雙十原則」來計算：

> **這樣算**
>
> 保額＜年收入 ×10
> 保費支出＜年收入 ×1/10

如果宗翰在投保時還沒結婚，以他當時的年收入30萬元來計算，那麼他一年要負擔的保費就不宜超過3萬元，而壽險保額不宜高於300萬元。如果業務提出的保險內容，無法同時符合這兩項原則，孤家寡人的宗翰「一人

飽，全家飽」，沒有太多包袱，就可以「保費支出」作為優先考量。

但如果他投保時已經結婚或有小孩，肩負了更多的責任，那麼要考慮的，就不只有「雙十原則」那麼簡單了，還必須再注意以下兩大變數：

1. 家庭是否有大筆貸款

如果自住的房子有貸款1,000萬元還沒繳清，那麼壽險保障就至少要有1,000萬元，不然一旦出事無法再繳房貸，不只頓時沒有收入，就連棲身之所都沒有。

2. 小孩是否成年

假設在計畫保險時，小孩只有6歲，距離成年還有12年，而全家人每個月有6萬元的開銷，也就是1年要支出72萬元，那麼保額就必須有：

> **這樣算**
>
> 家庭年支出 × 小孩距離成年的年數
> ＝保額 72 萬 ×12 年
> ＝ 864 萬

雖然這兩個原則，都是以「家庭沒有收入時」來考量壽險保額，但一切仍必須以「收入」為最高指導原則。

考量負擔，
別把錢全貢獻給保險

Part
1

Part
2

Part
3

Part
4

Part
5
如何避免繳不起、領不到的窘境？

Part
6

Part
7

「要等6年全都繳完才能把錢領出來，到時候，那一點點錢用處也不大，乾脆把錢拿去投資，獲利說不定還比較好一點。」

「1年繳6萬多元，要繳14年才能超過我的本金，就像買股票要被套牢14年才能回本，現在想想真是傻！」

「家裡經濟不是很好，突然要用錢，想把儲蓄險解約，可是又會拿不回本金，損失的不只是利息……」

國際認證財務顧問師廖乃麟提到，許多保戶對於儲蓄險有錯誤的期待，投保時只注意到它的利率比銀行高，但沒有考慮到儲蓄險最少是6年期，等於「存」進去的錢，在6年內都不能提出來運用，所以如果有急用必須解約，到時絕對是連本金都拿不回來。

「時間本身就是一個變數，現在經濟那麼不景氣，誰能知道明年會是什麼情況？如果收入沒了，保費繳不出來，就會影響到當初所設定的收益及保障，所以，買儲蓄

險的年限不要太長，而且要確定，這筆資金在保單到期前都不會有需求。」廖乃麟說。

　　真的想用儲蓄險來存錢，除了要先確定收入能夠長期穩定之外，也盡量別讓儲蓄險保費的比重，超過收入的 1/3，而且年期愈短愈好。畢竟，誰能保證自己的工作一定穩當、生意永遠賺錢呢？

Part
1

Part
2

Part
3

Part
4

Part
5
如何避免繳不起、領不到的窘境？

Part
6

Part
7

5-3

有急用，
認賠解約也別用保單貸款

　　很多人遇到繳不出保費或是突然有急用時，不想減額繳清或減少保障金額，就會考慮用保單向保險公司借錢。如果堅持不想損失已經繳出去的保費，保單貸款的確是一種選擇，**但很多人忽略了，保單貸款的利率並不低，多半都是3～5％**，和銀行信用貸款第一年最低利率只要1.66％相比，整整多了2～3倍，利息壓力可不小。

　　在網路的保險主題討論區裡，就有一位網友為自己的叔叔抱屈。這位叔叔在年輕時買了一張100萬的終身壽險，幾年前因為兒子想買房子，就用這張保單向保險公司貸款，以為這只是「把之前繳的保費拿出來用」這麼簡單，自然也就沒想過，事後要再還利息給保險公司這回事。

　　最近，這位叔叔突然想起曾經辦過保單貸款這件事，向保險公司詢問才知道，原來保單貸款的1年利息高達6％，而且未繳的利息會以複利計算。如果叔叔一直不

還款，等到他過世後，保險公司在送出保險金之前，會先把積欠的利息扣掉。

這位網友粗估，叔叔現在才65歲，如果夠長壽能活到85歲，還會再「滾」20年的利息，到時候恐怕會把那100萬的保險金，扣到一滴都不剩。還好當事人有提早發現，否則就血本無歸了。

由這個案例我們可以看到，雖然向保險公司借錢很方便，可以隨時借、隨時還，不需要信用徵信。但要是一旦忘記或沒錢還利息，可是會影響到原本的壽險保障，甚至連帶附約的終身醫療險和癌症險，可能也一起失效，最後損失的還是保戶，不會是保險公司。

預定利率 ≠ 實質投資報酬

Part 1

Part 2

Part 3

Part 4

Part 5 如何避免繳不起、領不到的窘境？

Part 6

Part 7

「這張保單的『預定利率』是3.5%，比銀行定存的利率高……」，很多人會用業務員口中的「預定利率」，來想像未來的投資報酬率。

但其實這都只是「幻覺」，想知道眼前這份儲蓄險的投資報酬率有多少，可以請業務員直接提供一份「從投保日起算，每一年『保單價值準備金』數字」的表格，**用「保單價值除以總繳保費」，就可以算出大約的投資報酬率。**

壽險及儲蓄險的年期多半都很長，最短的也要5～6年，投保後等到期滿時，物價可能已經上漲不少了。所以，**在瞭解投資報酬率之後，還要把通貨膨脹率算進去，**如此一來期滿時所領回的保險金，才真正可以發揮作用。

根據英國巴克萊銀行（Barclays）的研究資料顯示，臺灣的通貨膨脹率大約2%，所以即使保單的投資報酬率有4%，但扣掉通貨膨脹後，實際上的報酬率只有2%，距

離業務員所說的「預定利率」，相差更多了。

買保險是為了解決遇到狀況時自己無力支付的意外花費，所以在看待保險時，應該著眼於「它有多大的保障」，而不是能賺多少錢。

因此，對於「保險」公司的期望，就讓它單純只是一個提供保險的對象，如果硬要把它當成銀行或是投資管道，最後你所付出的時間及機會成本，絕對不符合當初的期待。

圖表 31 ▶ 解約金就是保單價值

解約金就是保單價值，但它不等於你所繳的保費總額。

被保險人本人之主契約及附加契約身故、殘廢生活扶助、生存、滿期、解約、減額繳清保險金額

保單年度	身故或完全殘廢保險金		殘廢生活扶助保險金	年度末生存、滿期保險金	年度末解約金	
	疾病	意外				
1	64,855	64,855	0	0	29,767	
2	129,710	129,710	0	0	79,747	
3	194,565	194,565	0	0	130,849	
4	259,420	259,420	0	0	183,090	
5	324,292	324,292	0	0	236,521	
6	389,147	389,147	0	0	388,229	
7	396,984	396,984	0	0	396,984	
8	405,943	405,943	0	0	405,943	

388,229（解約金）除以 377,808（所繳保費）＝ 1.028，表示這張 6 年期儲蓄險的投資報酬率是 2.8%。

買保險前要懂的那些事

● 想透過保險來存錢，也必須同時衡量收入與支出，最簡單的方式就是用「雙十原則」來計算。

● 但若投保時已經結婚或有小孩，要考慮的就不只有「雙十原則」那麼簡單了，還必須再考慮家庭是否有大筆貸款、 小孩是否成年。

● 保單貸款的利率並不低，多半都是 3 ～ 5%，和銀行信用貸款第一年最低利率只要 1.66% 相比，整整多了 2 到 3 倍。

● 壽險及儲蓄險的年期多半都很長，所以瞭解投資報酬率之後，還要把通貨膨脹率算進去。

● 用「保單價值除以總繳保費」，就可以算出大約的投資報酬率。

Part 1

Part 2

Part 3

Part 4

Part 5 如何避免繳不起、領不到的窘境？

Part 6

Part 7

Part 6

如何避開黑心

業務的話術？

6-1

7個方法
辨別業務的專業度

　　藝人董至成一家的保險，幾年來一直都是找任職保險業務的大學同學規劃，包括要幫兒子存教育基金的2張保單，也是向同一位業務買的。

　　2005年時，董至成有張保單期滿，夫妻倆開心領了一筆滿期金後，保單合約就終止了，沒想到隔年，保險公司竟然又寄來這張保單的保費催繳通知。

　　董至成覺得奇怪，向保險公司一查才發現，他一直很信賴的這位業務早就暗中動了手腳。先是假冒董至成一家人的簽名，另外向公司其他業務投保了7張保單，賺取其中的佣金業績。又偷偷降低董至成要存教育基金的那2張保單保額，詐領保險公司退回的溢繳保費。最惡劣的是，甚至還冒用董至成的保單，向保險公司貸款，讓董至成莫名其妙背了一身債。

　　因為是認識多年的老同學，即使被「詐騙」了，董至成並未提告，只要求保險公司取消這些保單就好。但同

樣的情況若是換成一般上班族，好不容易存下來的錢和保險，突然莫名其妙全部變成負債，恐怕不只是要求取消保單而已，肯定還會使財務陷入危機。

❖ 為求業績亂下承諾，連累保險業形象

臺灣的保險產業已經發展超過30年，根據財團法人保險事業發展中心的公告，臺灣人的投保率在2011年時已經高達215.84%，等於平均每個人至少有2張保單，市場已經非常成熟。再加上保險業務工作的門檻，相較於其他工作更低一些，只要高中職畢業就可以報考，業務之間的競爭會更加激烈。

為了達到業績標準，少數惡質的業務，就會搬出各種聳動的行銷說詞，甚至不惜遊走法令邊緣，最常用的伎倆就是「慫恿保戶解約舊保單後重新投保，以賺取第一年保費中的高比例佣金」，及「向保戶做出不實的理賠承諾」。導致一般大眾對於保險業務的印象，變成「為了賣保險，什麼話都說得出口」的人，而這些不良印象，往往也連累了作風正當的同業。

Part 1
Part 2
Part 3
Part 4
Part 5
Part 6 如何避開黑心業務的話術？
Part 7

❖ 2個方法，先看業務有沒有誠意

　　雖然臺灣人的投保率很高，但大部分人的保險知識仍然很薄弱，買保險時都只能從業務這個單一管道瞭解保險內容。所以，不管業務是誇大其詞，還是有所偏頗，都只能照單全收。

　　至於買人情保單往往後患無窮，可能礙於情面，不好意思質疑對方的專業程度；或是買了保單後才發現，保險內容根本不符當初設定的需求，但也只能繼續繳下去。

　　一份最基本的成人醫療險，一年保費下來也要1至2萬元，一旦信錯了業務而買下保單，就會讓自己騎虎難下──想繼續保下去也不是，要退保也不甘願。雖然每個業務在推銷保單之前，都必須經過保險公司的嚴格訓練，但是否真的就是一個值得信任的業務，仍然因人而異，就算眼前的業務是你姑媽的兒子、大學死黨、以前坐在隔壁的同事，都很可能向你推銷「不適合」的保單。

　　因此簽下保單前，有兩個方法可以不動聲色地偷偷觀察，初步試探對方是不是「夠格又有誠意」的業務：

1. 專業程度

　　要看出業務的專業程度如何，首先要看他能否為保戶做出適合的需求評估，再推薦保單。所以如果業務沒有

先為你進行個人需求、保單檢視，就直接推薦你買某一張保單，很可能只是為了自己的業績而不負責任地而推銷。

2. 有問有答

若是業務無法回答你的疑問；或是怎麼回答，你都得不到確切的答案，那麼就可以合理懷疑，他根本無心服務，或者沒有能力幫你設計適合的保單。

❖ 5個問題，閒聊出業務的專業程度

保險專家們總是提醒大家「要多問」，也就是從保險的內容到業務的品格，都要透過多問，才能避免日後的紛爭及不愉快。但大家心中應該也不免疑惑：「我又沒做過保險業務，怎麼知道要問些什麼？」本書為你歸納出下列5個問題，好好跟你的業務「聊一聊」，就可以更進一步探出對方值不值得信任！

Q1：你有投資型保單的證照嗎？

要銷售不同險種的保單，必須具備各種資格證照，**請業務出示資格證照，是最快也最方便的過濾方法。**能銷售投資型保單的業務，除了基本的「人身保險業務員」執照之外，還必須再考一張「投資型保單業務員」執照，代表比一般業務，擁有更專業的金融理財知識，有能力為保

Part 1
Part 2
Part 3
Part 4
Part 5
Part 6 如何避開黑心業務的話術？
Part 7

戶規劃投資組合，以求更高的獲利。

如果面對的是有私人交情的業務，這種擺明了懷疑對方的做法可能不適用，這時可以轉為「暗中調查」：直接打電話到保險公司的客服專線，詢問向你推銷保險的這位親友，是不是正式登錄的業務人員。

如果對方是全職業務，因為業績直接關係到薪水收入，自然會認真看待自己的專業形象及保戶服務，而較值得信賴；但如果對方是兼職人員，沒有業績壓力就可能隨時跳槽，而他所負責的保單，也就很容易會變成孤兒保單。

Q2：你會如何幫我規劃保單及保障？

不管你買的是壽險，還是預期投資報酬率較高的投資型保單，都必須先向業務問清楚：「保額多少才足夠？」、「為什麼你會這樣規劃？」把焦點拉回到「保障」上，才不會買了一堆保單卻保障不夠，仍然無法有效承擔風險。

網路論壇裡有一位將近30歲的老師，每年繳將近3萬元的保費，雖然同時有日額型及實支實付型的醫療險，且意外險有100萬元的保額，醫療及意外的保障都已足夠。但他的壽險卻只有30萬元的保額。若是不幸因病過世，30萬元恐怕無法照顧家人往後的生活，這樣的保障就有

必要重新規劃。

Q3. 你在這家保險公司做多久了？

偶爾穿插幾句看似無關保險專業的閒聊。例如，問問對方過去的工作經驗，或是詢問對於保險新聞事件的看法，可以藉機知道這位業務的年資經驗，看出他有沒有能力處理各種五花八門的「售後服務」。此外，如果他已經換過好幾家保險公司，就要小心就算他現在殷勤地賣保單給你，但在幾個月後，會有找不到人的可能性。

Q4.為什麼要推薦這張保單給我？

不同的保單設計，適用的對象也不同，壽險、意外險、醫療險、投資型保單各有其設計目的，不能拿來互相比較。如果你已經有了一張壽險，業務卻又再推薦你另一張20年期的儲蓄險，就要請他說明，為什麼要推薦兩張性質相近的保險給你？如果他答不出來，只有兩種可能性：一是他根本不瞭解這張保單的特色及適合的對象；另一則是，他只是配合公司的銷售策略以賺取佣金，並沒有仔細地幫保戶做評估。

Q5.現在最「夯」的投資是什麼？

如果業務向你推銷的是投資型保單，建議針對全世

Part 1
Part 2
Part 3
Part 4
Part 5
Part 6 如何避開黑心業務的話術？
Part 7

界的投資趨勢，再多問一些問題。最基本的，就是問現在最熱門的是哪種投資標的？是黃金、高科技產業，還是新興市場？當然，每個人的投資眼光不見得相同，也沒有一定誰的說法才是正確答案，但是如果業務員說不出個道理，或是前後邏輯不通，就表示他不瞭解或不關心投資標的，也就很難相信他推銷的投資型保單，未來能夠獲利。

除了用以上方式檢視業務員的素質之外，其實保戶自己也應該積極提升保險相關知識，而且一定要多做功課，才不會被業務牽著鼻子走。

此外，保險也是一種「銀貨兩訖」的商品，保戶應該要有「我付出多少保費，就該擁有多少權益」的觀念。因此，除了要聽業務員「有說的」，更要聽出他「沒有說的」內容，發揮判斷能力，才能為自己的權益把關。

Part
1
Part
2
Part
3
Part
4
Part
5
Part
6 如何避開黑心業務的話術？
Part
7

6-2

9個撇步
探出電銷保單的祕密

　　除了與保險公司的業務直接面對面洽談、買保單之外，近幾年還多了一些間接的管道可以買保險，像是電話行銷和保險經紀人公司。這些管道經常有「好像」比較便宜的保單，很容易讓人心動想買，但沒有直接接觸到業務或保險公司，總是令人不放心，很害怕會被騙。

　　前幾年有一則新聞，有個學生在睡夢中，接到某家保險公司推銷保單的電話，對方一會兒請他開啟電腦，查看保單內容有多棒；一會兒又叫他拿紙筆，記錄下保單的內容。這位學生當時半夢半醒，只是不自覺「嗯～」的回答，根本沒有聽清楚電話內容，也不想起床去做這些事，最後只好請對方先把資料郵寄過來參考，才打發掉這通電話。

　　過了幾天，這位學生收到保險公司寄來的信，但裡面並不是介紹保險的文件，而是一份已經確定成交的保單，而且銀行還已經從他的帳戶裡扣款繳保費了，讓他覺

得這簡直是被「霸王硬上弓」，氣得找民意代表幫忙討回公道。

❖ 避免電銷保單糾紛，注意9個要點

其實，金管會有明確規範，透過電話行銷來推銷保險產品，必須依循固定的作業流程，不能只以一通電話，就認定客戶已經同意投保，甚至直接從客戶的信用卡帳戶扣款。儘管如此，因為電銷人員避重就輕、語焉不詳的話術，擅自認定客戶同意投保而起的電銷保險糾紛，仍然時常可見。

雖然最後多半可以「不符合正常電話行銷流程」為理由，要求保險公司全額退回已繳保費、解除保單，但繁複的處理手續，還是會讓人非常不悅。

在面對電銷保險時，可以注意下列9個要點，來保障自己的權益，避免被電銷人員的說話方式唬弄，不小心說出「好」或是「可以」的字眼，被對方強迫認定自己同意買單。

要點1：保單後續問題是不是他負責？

不管電銷人員要推銷的保險內容有多誘人，在接到推銷電話時，第一件事就是先確認對方的姓名、是哪家公

Part
1

Part
2

Part
3

Part
4

Part
5

Part
6
如何避開黑心業務的話術？

Part
7

司的電銷人員、代理哪一家保險公司的保單。如果電銷人員所屬某家保險公司，表示他就是一位保險業務，還可以請他說出保險業務員的執照字號。

　　如果電銷人員向你推銷的保單，是從沒聽過的保險公司，可以到壽險商業同業公會的網站（www.lia-roc.org.tw），或是保險業公開資訊觀測站（ins-info.ib.gov.tw）查詢。只要在這些網站上查得到，就可以放心確定這家保險公司沒有問題。

要點2：全程錄音可以存證

　　金管會有規定，為了保障保險公司及保戶雙方的權益，電銷人員在推銷保單時必須全程錄音，而且錄音必須保存到保單期滿。因此，如果是被電銷人員語焉不詳的話術「誘拐」而買下保單，或是發現保單實際內容，與電話中允諾的不同時，就可以調閱當初的錄音記錄，做為要求保險公司退保的依據。

要點3：把握「簽收回條」及「10天契約審閱期」

　　當保戶同意購買電話行銷的保單後，保險公司就會從保戶提供的帳戶扣款，做為第一期的保費，同時寄發保單給保戶。由於整個交易過程中，保險公司與保戶雙方，一直都沒有當面核對過保險內容，所以保單裡會有一份

「簽收回條」。保戶在檢視保單時，若有發現保障不符合
需求而不願意投保，只要在收到保單後的10天之內通知
保險公司，或是在簽收回條上勾選「不同意」後交回，就
可以要求保險公司無條件全額退還已繳保費。

要點4：詢問代表哪家公司？

如果電銷人員只肯說賣的是哪家公司的保險，卻不
肯報上自己的名字、隸屬公司，即便交易還是可以成立。
但日後有爭議或是遇到事故需要理賠時，很可能就會找不
到負責的人，當初買的保單，也就會變成一張孤兒保單。

要點5：是否為保障1年的團保？

便宜的電銷保單多半是「團體保險」，保障期限只
有1年，而且不一定能用同樣條件續保，權益上比個人保
險多很多限制。

要點6：確認「年繳」金額

電銷保單的保費多半只說「每日」或「每月」要繳
多少錢，乍聽都很便宜，其實換算成整年的保費來看，跟
直接向業務買差不多。

要點7：書面資料先寄來再說

　　電銷人員經常用各種說詞強調，只能在電話上說明保單內容，誘導消費者在不清楚細節下就買下保單。但其實每家公司的保單，都可以先提供書面資料，再讓保戶決定要不要投保。

要點8：只說「不、不、不！」

　　電銷人員會在說明保單內容後，直接詢問客戶是否願意投保，詢問時經常講得又快又不清楚，只要消費者一不留神，回答出「好」或「嗯」，就可能被認定同意投保。

要點9：詢問是否需要告知病史？

　　電銷保單多半是壽險、健康險、年金險及傷害險等等不需體檢的險種，因此電銷人員會以「免體檢就有保障」，做為強調賣點，讓客戶誤以為不用告知病史。

Part 1
Part 2
Part 3
Part 4
Part 5
Part 6 如何避開黑心業務的話術？
Part 7

6-3

萬一買錯保單怎麼辦？
3方法解決它！

投資時，專家會告訴你要設立好停損點，如果損失已達停損點就出場；但是如果買到不適合的保單，保險員會告訴你：「都已經繳了這麼久，解約會划不來！」、「太可惜了，解約就沒保障了。」這些話語總會讓人對解約再三猶豫。但是如果買錯保單了，繼續保下去真的是好事嗎？答案是：不一定。

保單主要的目的是保障，如果發現買錯了，得重新思考並檢視，且會依時間點，有不同的處理方式。

❖ 審閱期內：可全數退回

剛買完保單都會有一個審閱期間，一般都是10天。如果收到保單後，發現內容不符合需求，可以直接帶著保單與個人證件，去服務處行使契約撤銷權撤銷保單，且可以全數退回保費。

❖ 已過審閱期：依險種有不同處理方式

如果已經買了一陣子，首先要看合約主約為哪類險種，大致上可以區分為「有現金價值」與「無現金價值」二種。有現金價值的保單大多是儲蓄型、投資型與壽險型險種；無現金價值的就屬醫療、意外、癌症與重大疾病險種。

「無現金價值」的險種為主約，真的買到不適合的，只有解約一途。因為這類型的保險都是有正常繳費才有效，一旦想要轉換或是選擇更好的保險，只能解約。要注意的是，一開始投保健康保險時，可能因為年齡與職業別等，而有比較優惠的保費；一旦轉換保單，就要考慮當下的年齡，這會直接影響保費高低。

但如果該張保單只是保障面上不足，就不一定要解約，可以選擇用其他張保單補足。現在有部分保險公司，允許用醫療證明的副本申請理賠，只需將正本影印後請醫院蓋章，就可以做申請動作，用這樣的方式來補足原保單的不足，也是一個參考做法。

「有現金價值」的險種，就要比較費心。很多電話行銷的保險，是將**醫療、意外與壽險或儲蓄型保單包裝在一起，一旦解約，相對附加的保障也會解約。**因此，在解約之前要先瞭解，究竟附約保障是否符合自身需求，業界

Part
1

Part
2

Part
3

Part
4

Part
5

Part
6 如何避開黑心業務的話術？

Part
7

有無其他的保單可以承保這一塊的風險。

再來就是，要請保險公司提供目前的現金價值與解約金表，才能評估這張保單是要做解約、減額繳清還是展期好。也就是說，買錯有「現金價值」的保單，有三種處理方式：

1. 解約

指拿回解約金表上的現金價值，從此終止這個契約的效力。

2. 減額繳清

指用之前累積的現金價值，讓該保單在保險期不變的狀況下，換算出可以買到多少保障額度。也就是說，不用再繳保費，而是用之前累積的現金價值來支付減額後的保險成本，如有附約要繼續，可另外補足費用。

舉例說明：老王先前因為結婚，為家庭保了一張400萬20年期的壽險，但繳了5年後離婚，不想繼續繳這張保單，但是又覺得解約太可惜。因此，跟保險公司申請減額繳清，並且將受益人改為父母。精算後，老王一樣可以擁有一張20年期的壽險，但是保額只剩下50萬。

3. 展期

同樣適用於保單還留有現金價值的情況下。指用剩下的保單現金價值，換算出維持原本的保障額度下，該筆

現金價值可以再提供多少時間的保障。

用展期的方式，保障時間一定會縮短。例如：原本的終身變為定期，但保障內容則會和原來一樣。與減額繳清相同，展期後也不需要再繼續繳保費，而是以之前累積的現金價值，支付展期後所需扣除的保險成本。

如果真的不幸買錯了保單，千萬不要拖延，要盡快釐清買錯的原因，並且及時處理，才不會浪費了金錢又失去了保障。當然，最好的方式就是在對自己的保障需求做全面的評估與規劃，讓錢真正花在刀口上！

Part 1

Part 2

Part 3

Part 4

Part 5

Part 6 如何避開黑心業務的話術？

Part 7

戳破業務的話術，
用4個案例說明

　　醫療險、壽險、防癌險和意外險，是國人最常買的4
大險種，幾乎人手一張。也因為這幾種保單需求量高，業
務員為了方便衝業績，以不實話術招攬保單的行徑時有所
聞，導致保險糾紛層出不窮。以下整理出最常見的幾種話
術陷阱，供各位讀者作為借鏡。

❖ 你買對「醫療險」了嗎？

　　在中小企業上班的社會新鮮人小美，開始工作後想
要幫自己做一份保障，所以向做保險的業務員朋友買了一
份醫療保險，其中包含終身醫療與定期醫療，朋友說大部
分的醫療行為都可以理賠，如果有住院也可以申請理賠。

　　有一天小美工作到一半，覺得腹部疼痛不已，臨時
請假去附近的診所看醫生。經醫生診斷為急性腸胃炎，在
休息室中吊了一瓶點滴，接著醫生開完藥後，就讓小美回

去了。

　　隔幾天，小美想起來保險業務員的朋友說過住院可以理賠，因此將收據等資料一併給了朋友後等待理賠下來。過了一陣子卻被告知無法理賠，進一步詢問後才知道：實支實付的規則中，沒有包含門診就醫的部分，只有針對住院做實支實付的賠償。所以小美就算在診所的休息室待了幾個小時，還是沒有達到住院的標準，實支實付的部分當然也無法做理賠。

　　因此，小美不但請了假損失了工作薪資，醫療費用也需要自行吸收，無法做任何的理賠。因為這次狀況，才讓小美認真地去研究醫療險種的差異性，否則每個月要繳交幾千元的保險費，卻在需要用時無法進行理賠，真的讓她覺得很無言。

要注意的話術有這些

業務說：「日額給付」醫療險理賠原則最簡單，住院幾天賠幾天，最不會有爭議。

忘了說：**日額型對於時間的計算很嚴格，幾天、幾小時都會算得清清楚楚。**

業務說：醫療險都有附加手術相關條款，只要動刀就能多申請一筆保險金。

忘了說：現在許多手術都已進步到可以內視鏡處理，**但內**

Part 1
Part 2
Part 3
Part 4
Part 5
Part 6 如何避開黑心業務的話術？
Part 7

視鏡手術就保險公司的定義，不算是「開刀」。

業務說： 只要有收據，實支實付的醫療險就會照單理賠。

忘了說： 若不是由醫院開出的收據，或是並非醫療用途的支出，還是有可能不理賠。

業務說： 身體狀況沒有什麼大問題，就不用向保險公司特別說明，也不用體檢。

忘了說： 如果已經在醫院裡有過病歷紀錄，就一定要先告知保險公司。

❖ 你買對「壽險」了嗎？

陳爸爸是家中的財務支柱，為了保障太太與孩子的生活，他選擇買壽險，如果真的發生事故，一整筆的賠償金額，可以做為讓家人安身的緩衝，以免因為自己的狀況，讓家裡的經濟狀況頓時失去依靠。

但是因為全家經濟來源都靠他，因此真的能挪出來的預算也不多，陳爸爸希望用有限預算就可以做到較高的保障，所以請業務員協助找較低金額的保單。

過了一陣子，業務真的幫他找到，說是繳一段時間就可以享有高額保障的保單，相對上金額少了將近一半，也不需要繳太久。陳爸爸聽了很開心，所以就直接保了，

也沒多加詢問。

　　後來孩子都長大獨立了，陳爸爸順利工作退休後，開始和老婆享受老年生活，沒想到正要開始安享晚年，天不從人願，一場意外讓一切都成了幻影。

　　孩子們處裡完後事後，想要讓爸爸留給媽媽的愛得以實用，便著手申請壽險理賠，沒想到保險公司說，合約已經到期，已經沒有壽險保障了。原來陳爸爸買的是定期壽險而非終身壽險，到期後就不再享有身故金的保障。

　　聽到這個消息的陳家，一整個傻住了，沒想到當時因為預算有限，業務員找來的是比較便宜的定期壽險而非終身壽險，繳完約定的15年期間費用後，就不再享有保障，這讓失去了先生的陳太太頓時不知道該怎麼辦，孩子們只能接受現實，趕緊為往後的日子打算。

要注意的話術有這些

業務說：這張保單的保費比較便宜，適合保費預算不高的人，繳一段時間就可以享有高保障。

忘了說：這張是定期壽險而非終身壽險，因此到期後就不再享有身故金的保障。

業務說：這張保單的利率是4%，跟銀行定存利率不到2%相比，投資報酬率好太多了。

Part 1
Part 2
Part 3
Part 4
Part 5
Part 6 如何避開黑心業務的話術？
Part 7

忘了說：那4%是要累積到第20年才有的利率，前19年沒有喔！

❖ 你買對「癌症險」了嗎？

隨著癌症的病例愈來愈多，市面上的癌症險種也越來越多元，工作一段時間的美美，經濟能力已經趨向穩定，因此想要為自己規劃一份癌症險，以預防未來可能遇到的風險。

經過多家比較，美美選定了一家保險公司，業務員說只要有罹患癌症就一定理賠。各個大小項目，美美都一一的跟業務員做確認，雖然花費了不少時間，但找到這份最超值划算的保單，很開心自己所做的努力。

過了幾年後，美美有次因為工作太過疲累而昏倒，送醫檢查後，確認是癌症初期，需要進行化療。因為是初期，所以化療後美美就回家休養了，沒想到過了一陣子，美美又突然開始不舒服，回診後，醫生告知療程後引發併發症，器官有衰竭狀況，因此要繼續住院治療。

美美因此趕緊請業務員申請理賠，幾個星期後業務員告知結果，卻發現只有理賠癌症部分，併發症所引發的醫療行為完全不做理賠。美美很訝異，進而瞭解才知道，原來自己保的險種只針對癌症與癌症醫療行為理賠，不包

含併發症，因此後續的醫療行為完全不理賠。

美美頓時不知所措，回想當初只在意保費多少，卻沒注意到原來癌症的療程會有很多衍伸問題，這些都是比保費重要的事，業務員也沒有特別提醒，現在美美後悔都來不及了。

要注意的話術有這些

業務說： 只要投保防癌險，罹癌就有理賠。

忘了說： 防癌險都有「等待期」，若還沒超過等待期就發現得了癌症，會把保費退回，但這張保單同時一筆勾銷。

業務說： 只要是癌症相關的住院手術，防癌險都會負責理賠到底。

忘了說： 所謂「**癌症相關**」只限於「**復發、轉移或擴散**」，癌症手術所引發的併發症不算。

業務說： 化療、放療都有理賠，可以安心治病、養病。

忘了說： 只理賠「注射型」化療藥物，**標靶藥物多半是「口服型」**，保險公司沒有理賠。

Part 1
Part 2
Part 3
Part 4
Part 5
Part 6 如何避開黑心業務的話術？
Part 7

❖ 你買對「意外險」了嗎？

小陳是名業務員，經常需要在外面奔波談業務，因此他為自己保了意外險與意外醫療。有一次不慎因為車禍受傷，到醫院做住院治療後，包了石膏回家休養，也順利申請了意外醫療的補助。

可是，過沒多久因為傷口感染，造成蜂窩性組織炎，讓小陳又回到醫院住院了。因為感染狀況嚴重，可能要面臨截肢，也暫時無法工作，小陳趕緊請業務員申請相關的意外理賠。

但這次保險公司卻拒保，原因是意外險所保的是「因意外狀況」產生的醫療行為，但感染並不屬於意外，而是屬於醫療險的範圍，因此不在理賠的範圍內。但是小陳在保險的時候，業務員並沒有告知清楚兩者的差異，因此沒有多保住院醫療的部分，導致之後與感染相關的醫療行為都無法申請理賠。

如今小陳要面對截肢的風險，若想爭取保險公司理賠，可能得打官司，但是不一定會成功……。

要注意的話術有這些

業務說： 只要是「意外」造成的受傷就可以理賠。

忘了說： 是不是「意外」以保險公司的認定為準，有沒有

傷口也是判定關鍵。

業務說： 意外險的保費都差不多，只要花1千多元買保障就夠了。

忘了說： 如果工作危險性太高，保費可能就不只1千多元，保險公司甚至還會拒保。

業務說： 只要是意外造成的傷殘就可以申請理賠。

忘了說： 是意外還是疾病很難認定，不是每次都能理賠成功。

Part
1

Part
2

Part
3

Part
4

Part
5

Part
6
如何避開黑心業務的話術？

Part
7

買保險前要懂的那些事

- 以「看業務的專業程度」及「是否有問必答」兩個方法，初步試探業務是不是夠格又有誠意。

- 以「是否有證照？」、「為什麼推薦此保單？」等問題，閒聊出業務是不是值得信任。

- 電銷保單陷阱多、糾紛多，接聽電話時務必小心謹慎，以保障個人權益。

- 或是發現電銷保單的實際內容，與電話中允諾的不同時，可調閱當初的錄音記錄，做為要求保險公司退保的依據。

- 「無現金價值」的險種都是有正常繳費才有效，一旦想要轉換或是選擇更好的保險，只能解約。

- 「有現金價值」的險種，是將醫療、意外與壽險或儲蓄型保單包裝在一起，一旦解約，相對附加的保障也會解約。

- 減額繳清指用之前累積的現金價值，讓該保單在保險期不變的狀況下，換算出可以買到多少保障額度。

筆 記 欄

NOTE

怎樣花小錢還能

買到高保障？

7-1

保險不能少，保費不該多

　　有位媒體業高階主管，不到50歲年薪超過百萬，身邊還有一筆數目不小的存款。做了20幾年的新聞，她實在有些疲乏了，於是開始盤算做點投資，看看能不能提早退休。

　　她個性上不喜歡冒險，所以風險太大的股票、基金都被排除在外，這時剛好有個保險業務找上門，推薦她可以把錢存在他們公司的「優惠存款帳戶」，年利率有3%。她聽到這數字後暗想，比手上那筆銀行定存的利率多了一倍，似乎還真的很「優惠」，於是就讓業務多介紹一下。

　　「以您的收入來看，我幫您規劃一年只要『存』60萬，20年後就可以領回1,500萬。」業務邊敲計算機，邊算給她看。

　　「要等20年？太久了，我還想早點退休呢。」這位高階主管跟大部份人一樣，一聽到要等20年就打退堂

鼓，而業務也早就料到她會這樣說，馬上回應：「只要你前6年都有穩定存錢進去，第7年就可以『提領』了。」

「一年存60萬，就是一個月要5萬，萬一哪天拿不出這麼多錢來怎麼辦？」高階主管顯然接受第7年就可以領錢的說法，開始盤算自己的薪水，能不能每個月都撥出5萬元存進去。

「這倒不用擔心，我們公司有『超低利』貸款，你可以先貸款，補足差額後再存進去，這樣還可以賺到利差呢！」這時業務的計算機按得更快了。

這位高階主管看著數字想，要是靠銀行定存，要存多久才能存到1,500萬呀？於是當場決定「開戶」。

此後，她一個月的薪水扣除房貸、車貸，幾乎全部都得省下來，日子過得有點戰戰兢兢，撐不到3年就受不了了，想要結束這個存款帳戶，把錢拿回來。沒想到這時業務卻說，「現在解約只能拿回不到一半的錢喔！」

她才知道，那根本不是什麼優惠存款，而是一份20年期的儲蓄險，原本妄想可以有1,000多萬來退休養老，現在竟然反而要虧100多萬，讓她一肚子的氣。

❖ 沒搞懂商品內容前，先別急著買

這是幾年前保險業的一樁大新聞，某家保險經紀人

Part
1

Part
2

Part
3

Part
4

Part
5

Part
6

Part
7 怎樣花小錢還能買到高保障？

公司為了推銷儲蓄險產品，用各種話術誤導客戶。上述那位高階主管，因為業務沒有說明清楚實際保險內容，讓他誤把「儲蓄險」當成「存款帳戶」，造成了招攬糾紛。

許多專家學者認為，現行監理機關的政策，對於業務的不實行銷，應有更具體的懲罰措施之外，保戶對於保險產品的認知不夠清楚，也是必須再教育，才能有效減少保險銷售糾紛。

專家也指出，很多人搞不清楚，有些保險公司的貸款利率跟銀行一樣，也會隨大環境調整，並不是「永遠」低利率。因此若向保險公司借錢來繳保費，很容易在不知不覺中，把保單價值準備金借光，導致保單失效。

至於「承保範圍」的爭議，金管會保險局市場管理組組長施瓊華則是提到，大部分的保戶對於「住院」幾天怎麼算？怎樣才算是「意外」？哪些醫療場所才叫做「醫院」？這些名詞的認知，與保險公司有落差，等到發生事故要申請理賠時，才發現是自己疏忽了。但其實，這些都應該在買下保單之前就要確認清楚。

保險原本就是為了在出現突發狀況時，能夠發揮救急作用，填補我們準備不足的資金需求。所以保險公司會依照人生各個階段可能發生的事情，來設計保險產品；保險業務大多也能很準確地猜測出客戶的心理狀態，提出符合期待的推銷話術。

發生新聞的這家保險經紀人公司，就是看準了中生代會開始盤算退休生活的想法，所以用「優惠存款」此話術，來說服他們存養老基金。再加上保單上的條款又多又艱深，就算保戶認真細讀，也未必看得懂那些專有名詞的真正意思。如果和業務又曾有過交情，很容易就會太過信任，而買到不符合自己需求的保險，甚至被騙而簽下錯誤的保單。

這樣看來，不懂得保險又需要保險的人，似乎很難逃得出保險公司的手掌心，難道一般民眾只能任由保險公司牽著鼻子走？別擔心，其實只要先建立正確的保險觀念、想清楚自己需要的是哪些保障，如此一來，就算保險公司再精明，業務再會說、再會瞞，都可以堅定立場，買到適合的保險。

Part 1
Part 2
Part 3
Part 4
Part 5
Part 6
Part 7 怎樣花小錢還能買到高保障？

7-2

不同人生階段，
有不同保險重點

在保額固定的前提下，有很多方法可以調降保費支出，例如，可以用保費較低的定期壽險，來取代終身壽險。省下來的預算，就可以運用在其他有高保障的附約上，例如醫療險及防癌險。

此外，終身壽險的主要功能，是萬一自己身故，可以保障家人往後的經濟需求。因此單身的人不需要太高額的保障，建議設定在50～100萬元就已經足夠。

曾有報導，某位鐘性藝人生產時，享受到了保險的好處，所以也幫女兒買了5萬元的保險。但經過保險達人邱正弘一算，發現真正需要的保障內容，其實只要4千元就可以買到，因為其中有太高比例的保費，都花在小朋友還不需要的壽險上。

❖ 拿理賠金不應視為「賺到錢」

　　雖然大家都知道，買保險是為了保障「萬一」，但很多人對於把錢花在根本還沒發生的事情上，還是有些疑慮。尤其，對於期滿後並不會退回所繳保費的一般意外險，更會讓人覺得如果沒有發生意外，繳出去的錢就像是丟進海裡。所以就會預設，一旦真的發生意外或是生病住院，能夠領到的理賠金愈多愈好，而會盡可能的提高保額。

　　這種想要靠理賠賺回保費的想法，其實有兩大矛盾之處：第一，好像反而在期待自己發生意外或是生病；第二，理賠金愈多等同於需付出的保費愈高，這更是與原本「不想投注太多金錢在保險上」的想法，背道而馳。

　　保險的意義是要解決「錢」的問題，尤其是對經濟狀況不佳，又遭逢意外或疾病的家庭來說，理賠的功能在於，減輕面對龐大醫療費用的心理負擔，及維持全家在這段事故期間仍能正常作息。

　　所以對於保險真正要期待的，應該是可以盡快回歸正常生活軌道，而不是理賠可以賺到多少錢。

　　人到了結婚生子或步入老年這些重要階段時，生涯規劃大多會出現重大改變，而有不同的保險需求。「小時候」投保的壽險、「結婚前」所保的意外險，可能都已經

Part 1
Part 2
Part 3
Part 4
Part 5
Part 6
Part 7 怎樣花小錢還能買到高保障？

不符合現階段的需要。如果還抱持「有買保險就好」的想法，一旦真的發生事故，就會發現原本的保險，根本不足以彌補損失。

❖ 用4個時期來評估保障

　　保險精算師魏吉漳建議，當身上背負的責任變重、經濟能力改變時，就是檢視保單、加強保障的時機。以人生階段來看，就是下列4個時期：

● 結婚時：除了多了另一半，結婚後一般人會接著買房子，而有房貸負擔，此時保障對象從獨自一人變成一個家庭，就應增加壽險保障。

● 生子後：有了小孩後，責任會更重，這時就該加強醫療險，避免日後若身體有狀況，突如其來的龐大醫藥費，會影響孩子的正常生活。同時也該再檢視壽險額度，是否足以負擔孩子到成年。

● 換工作：經濟能力變得更好時，可以考慮增加醫療險的額度，一旦生病住院，就能得到更好的療養品質。

● 退休前：這時可以選擇年金險做為退休基金，另外補充長期看護險，減輕日後孩子必須承受的長輩醫藥重擔。

Part
1
Part
2
Part
3
Part
4
Part
5
Part
6

7-3 今天起，開始把你的保單翻出來檢視

很多人逃避檢視保單，是擔心會給業務機會推銷新的保單。但其實定期檢視保單，反而可以節省不必要的保費支出或調整為更適合的保障內容。

保險專欄作家李雪雯就認為，藉由檢視的機會，把全家人的保單都整合起來，一方面可以找出是否有些保險重複購買了；另一方面也能讓家人知道彼此有哪些保險，一旦發生事故就不會錯過申請理賠，而讓權益受損。

此外，李雪雯也教大家，用4個簡單步驟來檢視保單：

Step 1：分析現階段所需的保險內容。

Step 2：檢視現有保單狀況。

Step 3：找出現階段需求與現有保單之間的差距。

Step 4：進行適當調整。

　　如果檢視結果發現，的確有些保險重複購買而浪費錢了，但有些保險卻「缺很大」，這時可以先做「險種轉換」，像是把定期壽險改成終身壽險，來延長保障；或是把過多的壽險轉換成醫療險來補足，這個方法不會減損保障，也就不會白白浪費掉已經付出的保費。

❖ 業務不說，就靠自己多問、多看

　　人性會隨著時代改變，而保險產品也會順應人性需求而變化。每張保單裡多少都藏了一些祕密，本書雖然無法一一破解，但可以提供面對保險時該具備的基本概念，讓大家不再那麼容易「被唬弄」。但如何保全自己的荷包，買到符合需求的保險，這仍得靠大家多問、多看（不懂就問、仔細看過保單上每一項條款），業務不想讓你知道的事才會全部現形。

　　如果你還沒有買保險，正好可以藉由本書認識保險的「眉角」，建立正確觀念；如果你已經買了保險，就趕快找出你的保單，跟著內容一起對照，找出盲點，把可能遇到的損失降到最低。

Part
1

Part
2

Part
3

Part
4

Part
5

Part
6

Part
7 怎樣花小錢還能買到高保障？

圖表 32 填要保書注意事項

在填寫「是否同意讓保險公司自動墊繳保費」時，一定
要先向業務詢問清楚，墊繳會對原本的保障或保額產生
哪些影響，再決定要勾選「同意」還是「不同意」。

五、繳費方式

| 繳 | 法 | 1.年繳(A) | 2.半年繳(S) | 3.季繳(Q) | 4.月繳(M)(限對金融機構轉帳件) | 5.躉繳(W) |

| 種 | 別 | 1.現金/支票 | 2.銀行/郵局帳戶自動轉帳 | 3.信用卡 |
（以信用卡或銀行／郵局自動轉帳繳費，填填寫「保險費自繳申請暨約定書」）

六、保單紅利給付方式　　1.現金給付(A)　　2.購買繳清保險(B)　　3.抵繳保費(C)　　4.儲存生息(D)
（若未指定，則依繳款規定，若投保不分紅保單，則主旨欄利利分受，其無紅利給付用月）

七、是否同意續保費未在寬限期屆滿前繳付時，以保單價值準備金自動墊繳本契約保險費及利息？　　1.同意（範圍、順序如下）　　2.不同意

八、被保險人〔含眷屬附加附約〕投保經歷

A. 是否曾申請投保人身保險或在保單申請復效時，被加費承保或附條件承保之情形？若「是」請詳列公司名稱、申請日期、原因：　　　　　　　　　　　　　　　　　　　1.是　　2.否

B. 除本契約外是否已經購買其他公司之人身保險？若「是」請詳列　　　　　　　　　　　1.是　　2.否

公司名稱	壽險保額	重大疾病	意外險	醫療險	投保日期	公司名稱	壽險保額	重大疾病	意外險	醫療險	投保日期

C. 投保費支付型傷害醫療保險或實支付型醫療保險者，請勾選：

被保險人是否已投保其他商業實支付型傷害醫療險或實支付型醫療保險？	主被保險人		配偶		子女 姓名：___		子女 姓名：___	
實支實付型傷害醫療保險	1.是	2.否	1.是	2.否	1.是	2.否	1.是	2.否
實支實付型醫療保險	1.是	2.否	1.是	2.否	1.是	2.否	1.是	2.否

九、要保人聲明欄

十、投保安泰人壽醫護照終身健康保險，除外之「先天性疾病」大項列示如下，詳細內容仍以保單條款為準，惟如非保單條款附件所列明之除外先天性疾病，則仍視為承保範圍。

國際疾病分類代碼	疾病名稱	國際疾病分類代碼	疾病名稱
740	無腦症及類似畸形	750	上消化道之其他先天性畸形
741	脊椎裂	751	消化系統之其他先天性畸形
742	神經系統之其他先天性畸形	752	生殖器官先天性畸形
743	眼睛先天性畸形	753	泌尿系統先天性畸形
744	耳、臉及頸部之先天性畸形	754	先天性肌肉骨骼畸形
745	先天性心球(脈胞)及心臟中隔閉合之畸形	755	四肢之其他先天性畸形
746	心臟之其他先天性畸形	756	其他先天性肌肉骨骼畸形
747	循環系統之其他先天性畸形	757	外皮之先天性畸形
748	呼吸系統先天性畸形	758	染色體異常
749	顎裂及裂顎	759	其他及未明示之先天性異常

「投保經歷」或是「投保紀錄」，是在問保戶有沒有買
過其他保險。通常壽險較不影響，主要是醫療險在理賠
時，較常出現「因重複投保而拒絕理賠」的爭議。

填寫「職業及兼業告知」這一欄，會成為保戶職業等級
的依據，關係到意外險的保費及理賠，一定要據實填寫。

要保書裡有一大欄，詢問是否得過各種疾病或接受治
療，就是在確認保戶的病史，這會關係到醫療險及防癌
險的理賠。

買保險前要懂的那些事

- 保險原本就是為了在出現突發狀況時，能夠發揮救急作用，填補我們準備不足的資金需求。所以保險公司會依照人生各個階段可能發生的事情，來設計保險產品。

- 只要建立正確的保險觀念、想清楚自己需要的是哪些保障，就算保險公司再精明，業務再會說、再會瞞，都能買到正確的保險。

- 保險理賠金的功能在於減輕龐大醫療費用，及維持家庭正常作息，而不是可以賺到多少錢。

- 專家建議可用 4 個簡單步驟來檢視現有保單：分析現階段所需的保險內容、檢視現有保單狀況、找出現階段需求與現有保單之間的差距，最後進行適當調整。

Part 1
Part 2
Part 3
Part 4
Part 5
Part 6
Part 7 怎樣花小錢還能買到高保障？

筆　記　欄

NOTE

筆　記　欄

NOTE

國家圖書館出版品預行編目（CIP）資料

我用32張圖學會保險高理賠　退休金放大10倍：25歲就該懂的超簡
單「保險工具書」！／錢管家作.
-- 新北市：大樂文化，2021.1
208面；14.8 × 21 公分
ISBN　978-986-5564-09-4（平裝）
1.保險　2.保險規劃　3.理財

563.7　　　　　　　　　　　　　　　　　　　　　　　109020011

UB073

我用32張圖學會保險高理賠
退休金放大10倍

25歲就該懂的超簡單「保險工具書」！

作　　者／錢管家
封面設計／蕭壽佳
內頁排版／王信中
責任編輯／林育如
主　　編／皮海屏
發行專員／呂妍蓁
會計經理／陳碧蘭
發行經理／高世權、呂和儒
總編輯、總經理／蔡連壽
出 版 者／大樂文化有限公司（優渥誌）
　　　　　　地址：220新北市板橋區文化路一段268號18樓之一
　　　　　　電話：（02）2258-3656
　　　　　　傳真：（02）2258-3660
詢問購書相關資訊請洽：2258-3656
郵政劃撥帳號／50211045　戶名／大樂文化有限公司

香港發行／豐達出版發行有限公司
地址：香港柴灣永泰道 70 號柴灣工業城 2 期 1805 室
電話：852-2172 6513　傳真：852-2172 4355

法律顧問／第一國際法律事務所余淑杏律師
印刷／韋懋實業有限公司

出版日期／2021年1月7日
定價／280 元（缺頁或損毀的書，請寄回更換）
ISBN　978-986-5564-09-4